Gabriele Gauper • Irene Mösenbacher

GRÜNES ZEBRA *kocht*

IMPRESSUM

Auflage:

2018	2017	2016	2015
4	3	2	1

....

© 2015 by Löwenzahn in der Studienverlag Ges.m.b.H.
Erlerstraße 10, A-6020 Innsbruck
E-Mail: loewenzahn@studienverlag.at
Internet: www.loewenzahn.at

....

Umschlag- und Buchgestaltung sowie grafische Umsetzung:
Johanna und Stefan Rasberger, www.labsal.at

....

Fotos: Sonja Priller, www.sonjapriller.com – wenn nicht
anders angemerkt

....

Gedruckt auf umweltfreundlichem, chlor- und säurefrei
gebleichtem Papier.

....

Bibliografische Information Der Deutschen Bibliothek
Die Deutsche Bibliothek verzeichnet diese Publikation in der
Deutschen Nationalbibliografie; detaillierte bibliografische
Daten sind im Internet über ‹http://dnb.ddb.de› abrufbar.

....

978-3-7066-2561-6

....

Gabriele Gauper • Irene Mösenbacher

GRÜNES ZEBRA
kocht

Saisonale Vielfalt in
über 100 Rezepten

Mit Fotografien von Sonja Priller

löwenzahn

Einleitung

Anhang

Rezepte

Rezept S. 55

Rezept S. 97

Rezept S. 117

Rezept S. 229

VORWORT

*Herzlich willkommen! Schön, dass wir Sie bei
uns begrüßen dürfen! Wir sind die erste österreichische
Bio-Kochschule Grünes Zebra aus Gleisdorf
bei Graz. Gabriele Gauper schwingt hier die Kochlöffel, Irene Mösenbacher den „Bleistift".*

Rezept S. 171

Mit wenigen Ausnahmen sind wir – oft Frauen,
auch Männer – gefordert, Arbeit, Kinder, Haus-
halt und Kochen zu organisieren und zu planen,
letztendlich jeden Tag große Leistungen zu voll-
bringen. Wir möchten Sie mit unserem Kochbuch
an der Hand nehmen und mit Tipps und Tricks
aus langjährigen persönlichen Erfahrungen zu
neuen Möglichkeiten führen. Wenn es auch Ihr
Ziel ist, (beinahe) täglich frisch und gesund zu
kochen, reichen wir Ihnen einen Schatz an Ideen
für optimale Planung und Vorbereitung. So haben
wir unserem Kochbuch beispielsweise auch einen
„Wochenplan" beigefügt. Mit etwas Übung gelingt
Ihnen damit die wöchentliche Speisenplanung
und Sie sparen sich auf diese Weise jede Menge
Zeit und Geld.

Zählen Sie sich zu den ernährungsbegeisterten
Genussmenschen? Wenn ja, dann laden wir
Sie auf eine kulinarische Reise um die Welt ein.
Dabei bleiben wir mit beiden Füßen auf öster-
reichischem, genau genommen auf steirischem
Bio-Erdboden, wenn es um die Herkunft eines
Großteils der Lebensmittel geht, die wir für
unsere Rezepte verwenden.

Unter einer neuen, zeitgemäßen und weltoffenen Küche nach lokalem Angebot der Saison
verstehen wir eine überwiegend vegetarische
Küche in gesunder Abwechslung mit „Fleisch
als Beilage" und auch veganen Gerichten.

Da wir zu einer spannenden und varianten-
reichen Küche mehr als nur Salz und Pfeffer
benötigen, damit die Speisen gut schmecken,
verwenden wir viele saisonale Kräuter und internationale Gewürze. Dabei legen wir höchsten
Wert darauf, dass diese Zutaten auf unseren
Wiesen, in unseren Gärten und in unseren Bio-
und Wellläden einfach zu finden sind.

Zeitgemäß kochen heißt für uns zusammengefasst:

- saisonale Biozutaten, die auf lokalen Märkten
  leicht erhältlich sind
- pure, frische Zutaten: ohne künstliche Geschmacksverstärker, Aromen oder Farbstoffe
- Zucker in geringem Ausmaß
- wenig & hochwertiges Fett
- vegetarische/vegane Gerichte, aufgelockert
  durch Fleisch als Beilage (1-mal pro Woche)
- Gewürze und ausgewählte exotische Zutaten
  aus Fairem Handel
- einen guten Blick auf das Haushaltsbudget
- optimale Planung

Unsere Küche ist weltoffen, denn wir schauen
bei den Rezepturen rund um den gesamten
Globus. Wir holen uns dort Ideen, wo noch täglich gekocht wird und wo oft mit einfachsten
Mitteln und wenigen Zutaten köstliche Gerichte
zubereitet werden. Denn für herrliche Speisen
braucht es keinen technischen Schnickschnack,
auch nicht die exotischsten Zutaten.

Wir leisten mit unserer weltoffenen Art der neuen Küche einen Beitrag zum Klimaschutz, unterstützen unsere heimischen Bäuerinnen und Bauern und auch jene am anderen Ende der Welt durch den Einkauf von Bioprodukten sowie Gewürzen und Zutaten aus dem Fairen Handel.

Wir zeigen, wie vegetarische bzw. vegane Küche gelingt und schmeckt. Durch die Ernährungsweise von jedem Einzelnen von uns können weltweit mehr oder weniger Menschen ernährt werden. Ein vegetarisches bzw. veganes Leben benötigt „weniger Anbaufläche" als die Fleischküche. Man spricht auch von einem geringeren ökologischen Fußabdruck.

Wir lieben die Natur mit ihrer phänomenalen Vielfalt. Und wir möchten dazu beitragen, sie durch die saisonale, biologische Lebensweise mit regionalen und fair gehandelten Zutaten zu erhalten – auch für unsere Kinder und Kindeskinder.

Die Weltmeere liegen uns am Herzen! Viele Arten sind vom Aussterben bedroht, die Meere sind verschmutzt, sie werden als „praktischer Mistkübel" benutzt. Deshalb kaufen wir keine Meeresfische, kein Seafood, weder aus Aquakultur noch aus Wildfang. Wir verwenden heimischen Bio-Fisch.

Unser größter Erfolg ist es, wenn wir Ihnen mit den vorliegenden Rezepten, Tipps und Tricks das nötige Werkzeug für neue Lieblingsgerichte und bestmögliche Arbeitserleichterung geben können. Mit Liebe und Motivation, ein aktives, gesundes Leben zu führen, gelingt unser – nun gemeinsames – Vorhaben!

Ihre Gabriele Gauper und Irene Mösenbacher

Rezept S. 66

Rezept S. 77

Rezept S. 203

VOM ZUCKER
in aller Munde

Wir starten mit einem heiklen Thema: dem Zucker. • Ökologische, gesundheitliche und unmenschliche Auswirkungen dieses „bitter-süßen", milliardenschweren Geschäftes bewegen uns dazu, die Menge und Art des Zuckers, welche wir verwenden, sehr verantwortungsvoll einzusetzen. Unsere erste Wahl, wenn es um „Süße" für Nachspeisen geht, sind reife Früchte der Saison, gefolgt von Trockenfrüchten wie Rosinen, Marillen, Zwetschken und manchmal Datteln. Diese geben – gehackt, faschiert oder im Blender zerkleinert – sehr viel Süße ab. • Wenn wir zum Backen von Teigen Zucker einsetzen, dann verwenden wir Bio-Honig aus der nächsten Umgebung sowie österreichischen Bio-Rohrübenzucker.

Warum wir diese Zuckersorten verwenden

- kurze Transportwege
- Biologischer Anbau garantiert gute, gesunde Böden mit aktivem Bodenleben. Diese sind auch Speicher für Treibhausgase und Wasser und weniger erosionsanfällig. Biologische Lebensmittel sind in ihrer Zusammensetzung reichhaltiger und schadstoffärmer als konventionell angebaute Lebensmittel der gleichen Sorte.
- Produkte aus Österreich garantieren, dass der Anbau von Rohrzucker in Regenwaldgebieten (Beispiel Brasilien: Zerstörung von Lebensraum und Boden; Verletzung uralter Landrechte) und in den ärmsten Regionen dieser Erde (Äthiopien: Zuckerrohranbaugebiete liegen dort, wo für Menschen vor Ort wichtige Lebensmittel angebaut werden könnten) nicht unterstützt wird.
- Die industriellen Eingriffe, den österreichischen Bio-Rohrübenzucker betreffend, sind gering (keine Raffinierungsschritte, die Zuckerrüben werden gepresst und der Saft schonend getrocknet). Bei Bio-Honig vom „Nachbarn" fallen industrielle Verarbeitungsweisen weg.

Gesundheitliche Motivation, auf Zucker aller Art zu verzichten

- Zucker verursacht Karies.
- Zucker verursacht diverse Krankheiten.
- Zucker macht müde (er entzieht dem Körper zum Beispiel Vitamin B1).
- Zucker macht süchtig.

Rezept S. 53

Rezept S. 183

VOM FETT
das nicht „fett" macht

Fett ist in den letzten Jahrzehnten in Bezug auf Übergewicht und Cholesterinspiegel in Verruf geraten. So wanderten diverse unter Umständen sehr minderwertige „cholesterinfreie" und „fettarme" Margarinen in unsere Einkaufsregale. Aktuelle Studien zeigen jedoch, dass u.a. Fructose und Stress die Verursacher diverser Gesundheitsschäden dieser Art sind – und nicht Fett hoher Qualität in gesundem Ausmaß. Auch Darmbakterien werden in jüngeren Studien als Verursacher von Cholesterin genannt.

Wir verwenden

- hochwertige, kalt gepresste Bio-Öle, vorzugsweise aus Österreich
- Bio-Butter bzw. Bio-Butterschmalz
- für die vegane Küche: Bio-Margarine, die in möglichst wenigen Industrieschritten und aus besten Zutaten hergestellt wird
- Bio-Bratöl

Kalt gepresste Öle dürfen nicht oder nur durch Einhaltung gewisser „Regeln" erhitzt werden:

- Prinzipiell sind kalt gepresste Öle kalt zu verwenden – für Aufstriche, Salate, über warme Speisen (Erdäpfel, Fisch, Wokgemüse und Co) geträufelt etc. So können Sie die wertvollen Inhaltstoffe am besten aufnehmen.
- Wenn es nötig ist, kalt gepresste Öle zu erwärmen bzw. zu erhitzen, verwenden Sie
  - Olivenöl
  - Erdnussöl
  - Sesamöl
  - Traubenkernöl
  und halten Sie dabei folgende Arbeitsschritte unbedingt ein:
  - Erhitzen Sie zuerst die Pfanne oder den Topf (Kontrolle: Bewegen Sie Ihre Hand mit etwas Abstand vorsichtig über die Pfanne oder den Topf, um zu fühlen, ob diese schon heiß genug ist).
  - Wenn die gewünschte Hitze erreicht ist, geben Sie gleichzeitig Öl und Bratgut in die Pfanne bzw. den Topf und schalten Sie die Temperatur sofort auf eine mittlere Stufe zurück.

Achtung! Öl darf nie rauchen. Sollte Ihnen dies einmal passieren, entsorgen Sie das Öl bitte umweltgerecht im Altfettkübel. Bei bzw. nach Erreichen des Rauchpunktes eines Öles entsteht Acrolein, ein gesundheitsschädlicher Stoff.

Wir empfehlen zum Braten und Frittieren unter hohen Temperaturen

- Butterschmalz: auf gut bestückten Bauernmärkten oder in Bioläden und Supermärkten in der Milchprodukteabteilung zu finden
- Bio-Bratöl: im Reformgeschäft erhältlich

Einige heikle Themen, herkömmliche Margarinen betreffend

- In der Herstellung werden viele verschiedene, oft minderwertige Fette wie Palmöl (Gefahr der Regenwaldzerstörung) verwendet. Diese werden rund um den Globus transportiert, bis sie letztendlich hier im Verkaufsregal landen. Neben der mangelnden Produktqualität ist dies also auch ein negativer Beitrag zum Thema Klimaschutz.
- Öle wie zum Beispiel Soja-, Palm- oder Rapsöl, die normalerweise bei Raumtemperatur flüssig sind, werden durch industrielle Verfahren gehärtet und dadurch haltbar gemacht. Da es sich dabei um ungesättigte Fettsäuren handelt, werden die Kohlenstoff-Doppelbindungen aufgebrochen. Diese Reaktion führt zu Veränderungen in der Struktur der Fettsäuren. Man spricht von Transfetten, die in der Natur unbekannt sind und zu Zellschädigungen führen.
- Gefahr der Gentechnik im Produkt, besonders wenn konventionelles Soja unter den Zutaten aufgelistet ist.
- Für die Produktherstellung sind viele Industrieschritte nötig. Die verwendeten Öle sind extrahiert und raffiniert worden, dies bedeutet unter anderem, dass viele Inhaltstoffe (Vitamine, sekundäre Pflanzenstoffe etc.) zerstört worden sind und deshalb künstlich angereichert werden. Dieser letzte Punkt gilt auch für alle „herkömmlichen" Öle, die diversen industriellen Eingriffen unterlegen sind. Sie sind „leer" an wertvollen Inhaltstoffen.

VOM GETREIDE
Mehl ist nicht gleich Mehl

Wir sind Fans von bester Küche mit möglichst wenig Aufwand und Kosten. So sind wir darauf bedacht, Küchengeräte nur dann anzuschaffen, wenn diese wirklich nötig sind. Eine Getreidemühle gehört aus unserer Sicht zur guten Grundausstattung einer „ganzheitlichen" Küche. Sie kostet relativ wenig im Vergleich zu ihrer Lebensdauer: Unsere Mühle ist zum Beispiel bereits seit 20 Jahren ohne Reparaturarbeiten im täglichen Einsatz. Auch eine Flockenquetsche zur Herstellung von Getreideflocken ist sehr wertvoll.

Vorzüge einer Getreidemühle:

- Sie können mit ihr jederzeit frisches Mehl mahlen. Im Vergleich zu frisch gemahlenem Mehl ist lange gelagertes Vollkornmehl minderwertiger, weil wertvolle Inhaltstoffe vorwiegend durch Oxidation zerstört werden.
- Mit der Getreidemühle können Sie Geld sparen und neue Möglichkeiten nutzen:
  - Kaufen Sie eine größere Menge „ganzes Korn" beim Biobauern ein und mahlen Sie frisch, wenn Sie das Mehl benötigen. Größere Mengen sind meist günstiger.
  - Leiden Sie unter Glutenunverträglichkeit, werden Sie bereits festgestellt haben, dass glutenfreie Fertigmehle sehr teuer und minderwertig in ihrer Zusammensetzung sind. Auch hier ist eine Mühle (glutenfrei eingemahlen und ausschließlich für glutenfreie Getreide benützt!) unersetzbar. Sie liefert stets das Getreide, welches man benötigt: in frischer Qualität, günstig und bio.
  - Sie können auch Getreide wie Einkorn, Reis (ungeschält) oder Hirse bzw. Pseudogetreide wie Buchweizen in der Mühle mahlen und mit diesen Mehlen, die es meist teuer in Bioläden gibt, neue Gerichte entdecken. Zum Beispiel können Sie mit gemahlener Hirse Puddings und Cremen „eindicken".

Sortenvielfalt

Getreide gehört weltweit zu unseren Hauptnahrungsmitteln und enthält hochwertiges, pflanzliches Eiweiß, Kohlenhydrate, lebensnotwendige Fettsäuren, viele B-Vitamine sowie Mineralstoffe.

Es gibt sieben Hauptarten an Getreide, nämlich Reis, Mais und Weizen, welche den Großteil der Getreideproduktion ausmachen, sowie Gerste, Hirse, Roggen und Hafer. Darüber hinaus gibt es unzählige Unterarten, deren Vorkommen durch hochgezüchtete Sorten, Gentechnik und unseren einseitigen Anbau und Konsum bedroht sind.

Sortenvielfalt: ein Plus an Inhaltstoffen

Vermutlich sind Ihnen einige Urgetreide bekannt – Unterarten des Weizens wie Kamut, Emmer, Einkorn oder Dinkel sowie das Urgetreide des Roggens, die Waldstaude. Es ist essenziell, alte, zwar oft weniger ertragreiche, aber viel anpassungsfähigere Sorten weltweit zu erhalten. Wir müssen uns alle an den Klimawandel anpassen und diese Urgetreide können oft auch auf ärmeren Böden unter härteren Umweltbedingungen wachsen. Zudem enthalten sie mehr wertvolle Nährstoffe als hochgezüchtete Sorten. Abwechslung bei Getreidesorten garantiert Ihnen darüber hinaus die Versorgung mit unterschiedlichen Nährstoffen.

Schale und Keimling

Frucht- und Samenschale, Aleuronschicht und Getreidekeim liefern uns Eiweiß, Vitamine, Mineralstoffe und Zellulose. Der Keim enthält die begehrten Vitamine A, B1, B2 und E.

Deshalb sollte man auf ausgemahlene Mehle unter der Typenzahl 700 gänzlich verzichten und den Vollkornanteil in Gerichten hoch halten. Für Einsteiger genügt es vorerst einmal, mit 40–50 % Vollkornanteil zu starten, damit sich sowohl die Verdauung als auch der Gaumen an die Ernährungsumstellung gewöhnen können.

Besonders wertvoll sind gekeimte Getreide, roh verzehrt.

Ein wichtiger Hinweis zur optimalen Getreideküche kommt unserer Meinung nach aus der Ernährungslehre nach den Fünf Elementen. Diese steht für eine vollwertige Getreideküche, die bis zu 70 % der täglichen Ernährung ausmachen soll. Der große Unterschied zu unserer westlichen Küche ist jedoch, dass dieses vollwertige Getreide gekocht wird. Brot ist eine „Neuerscheinung unserer westlichen Kultur" und kommt in der TCM nicht vor.

Rezept S. 178

Die Mehltype

Die Typenbezeichnung ist das Maß für den Mineralstoffgehalt des Mehles. Niedrige Mehltypen wie 480 (und darunter) sind sehr helle Mehle mit wenigen Mineralstoffen und Vitaminen. Sie bestehen hauptsächlich aus dem Mehlkörper, also der Stärke, und werden Auszugsmehle genannt. Hohe Mehltypen sind Mehle mit der Typenzahl um 1600–1800.

Vollkornmehle haben keine Typenbezeichnung, es sind dunklere Mehle, die das volle Korn und somit alle wertvollen Inhaltstoffe des Getreides enthalten. Zwischen Auszugs- und Vollkornmehl gibt es viele Zwischenstufen – je nachdem, wie viel von Schale und Keimling enthalten ist: Je höher die Typenzahl, desto vollwertiger das Mehl.

Rezept S. 107

Rezept S. 265

VOM FLEISCH
als Beilage und den Reizen der
vegetarischen und veganen Küche

*Zurzeit essen wir Österreicher in etwa 70 kg Fleisch pro Kopf und Jahr. In den
1950er Jahren waren es 25 kg. In Industriestaaten wird 4-mal so viel Fleisch gegessen
wie in Entwicklungsländern. Männer essen ca. 1/3 mehr Fleisch als Frauen.*

Nur ein Aspekt von vielen

Ein großes Problem stellen importierte Futtermittel dar. „Fleisch aus Österreich" bedeutet
nicht immer, dass auch das Futtermittel aus
Österreich stammt. Österreich importiert jährlich
in etwa 600.000 Tonnen gentechnisch verändertes
Soja, vor allem aus Lateinamerika. Die Sojapro-
duktion in zum Beispiel Argentinien und Brasilien
hat bereits massive Schäden für Umwelt (Regen-
waldabholzung, Kontaminierung mit gentechnisch
veränderten Samen) und Menschen (Vertreibung,
sklavenähnliche Arbeitsbedingungen, massive
gesundheitliche Schäden) nach sich gezogen.
Viele Schäden sind nicht mehr zu reparieren.

Rezept S. 255

Vegetarisch bzw. vegan mit Sinn

Wenn wir uns hauptsächlich von vegetarischen
bzw. veganen Biolebensmitteln der Region ernähren,
leisten wir einen großen Beitrag für Mensch und
Natur. Wir schonen zum Beispiel Ressourcen. Der
ökologische Fußabdruck für den Ernährungsbereich
beträgt in etwa 30 % (im Vergleich dazu: der Bereich
Mobilität beträgt 20 %). Unseren ökologischen Fußabdruck im Ernährungsbereich reduzieren wir um
bis zu 80 %, wenn wir uns vegan ernähren.

Zugegeben

Unser Anspruch an die vegetarische und vegane
Küche privat sowie in der Gastronomie ist hoch:
regionale, saisonale und biologische Grundzutaten
und Gewürze aus dem Fairen Handel sind für uns
eine Selbstverständlichkeit. Die Verwendung von
Fett und Zucker soll sich in Maßen halten. Künstliche Geschmacksverstärker oder Farbstoffe möchten
wir in unseren Lieblingsgerichten nicht entdecken.

Unsere Vision

Eine feine vegetarische und vegane Bio-Küche, die
über den in der Gastronomie beliebten Gemüse-
teller, vorgefertigte Gemüselaibchen und gebacke-
nen Camembert hinausgeht und auch Fleischtiger
auf den Geschmack bringt.

Geschmacksexplosionen

Was, außer Liebe am Kochen, garantiert uns
besten Geschmack? Es sind frische, reife Zutaten,
das Wissen über unzählige Kombinationsmöglichkeiten bei Gewürzen und Kreativität in der Küche.
Gerade die internationale Küche, denken wir zum
Beispiel an Asien, bietet unendlich viele Ideen,
vegetarische und vegane Gerichte aus heimischem
Gemüse, Obst, Hülsenfrüchten und Getreide herzustellen.

Vitalität und gute Laune

Seit wir uns intensiv mit der vegetarischen Küche und ihren Genießern beschäftigen, fällt uns auf, dass Vegetarier und Veganer meist eine besondere Lebensfreude und Agilität ausstrahlen. Das kann damit zusammenhängen, dass sie ein intensives Gespür für ihren Körper entwickeln und dadurch wissen, was ihnen guttut.

Bitte informieren Sie sich

Dennoch ist Vorsicht geboten: Gerade wenn man sich vegan ernähren möchte, sollte man genau darüber Bescheid wissen, welche Lebensmittel man auf jeden Fall braucht.

Vegetarier und Veganer, die sich hauptsächlich von Süßem ernähren, möchten wir warnen: Essen Sie besser immer wieder ein Stück Bio-Fleisch vom Bauern des Vertrauens in Kombination mit hochwertigem Obst und Gemüse, als durch einen schlechten Ernährungsstil krank zu werden.

Fleisch als Beilage

Für all jene, die Fleisch essen möchten, bietet es sich ganzheitlich gesehen an, weniger Fleisch und dafür in hoher Qualität vom Biobauern aus der nächsten Umgebung zu essen.

Rezept S. 101

Unser Tipp: Erweitern Sie Ihren persönlichen Speiseplan mit feinen, vegetarischen Gerichten!

VON DER MILCH

Milch steht seit einigen Jahren im Mittelpunkt zahlreicher Diskussionen.

Spätestens seit Bekanntwerden der „China Study" in einer breiten Öffentlichkeit wissen wir um die negativen Auswirkungen auf unsere Gesundheit: Milch und Milchprodukte entziehen dem Körper Kalzium und wirken krebsfördernd.

Diese Aussagen treffen auf Erwachsene zu, die die Pubertät bereits hinter sich gelassen haben. Für Kinder – sofern sie Milch vertragen – ist der maßvolle Konsum von Milchprodukten geeignet.

Noch nie wurden Milchprodukte so intensiv beworben, einer so starken industriellen Verarbeitung unterzogen wie im 21. Jahrhundert. Denjenigen, die sich näher mit diesem Thema befassen möchten oder hier erstmals damit konfrontiert werden, legen wir das Buch „Peace Food" von Ruediger Dahlke oder die „China Study" von T. Colin Campbell ans Herz.

Wir ziehen unverarbeitete Milchprodukte auf jeden Fall den industriell verarbeiteten vor und setzen sie als Genussmittel zur Verfeinerung der Gerichte ein. Wann immer möglich greifen wir auf *nicht industriell verarbeitete* pflanzliche Ersatzprodukte zurück: Reis-, Mandel-, Sesam-, Dinkel-, Hafer-, Kokosmilch und etwas Tofu. All diese Produkte können wir auch selbst herstellen und wissen somit, was drinnen ist.

Wochenplan, konservieren und optimieren

Der Wochenplan –
für mehr Zeit und Lust zum Kochen

Meine erste „Begegnung mit dem Wochenplan" hatte ich vor 13 Jahren, kurz nachdem mein erstes Kind zur Welt kam. Ich war damals Studentin und Zeit und Geld waren knapp. Trotzdem wusste ich, dass ich und wir uns ab nun umso besser und natürlich nach wie vor mit Produkten von den lokalen Biobauernmärkten (in meinem Fall rund um Graz) und von Bioläden ernähren sollten. Augen öffnend war ein Gespräch mit meiner Schwiegermutter. Sie war früher Bäuerin und zog 13 Kinder groß. Ihr Vorteil war gewiss, dass sie eine tolle Köchin war, alle Teigarten beherrschte, Brot backen konnte wie kaum ein Bäcker … Und es fertigbrachte, dieses Handwerk des täglichen Kochens nicht als Last, sondern als Freude zu erleben. Sie hatte einen großen Obst- und Gemüsegarten, Kühe für die tägliche frische Milch und immer wieder gab es auch Fleisch, wenn ein Schwein oder Huhn geschlachtet wurde, auch Eier waren vorhanden. Sie erzählte mir, dass sie immer einen Zweiwochenplan für das Essen machte und so nur alle zwei Wochen einkaufen gehen musste. Ich konnte es kaum glauben – trotz der vielen vorhandenen Grundzutaten am Hof. Wie sollte das zum Beispiel im Winter möglich sein, noch dazu für 15–20 Personen, die es am Hof zu verpflegen galt.

Ich hatte das Gefühl, dass ich mit meinem Zeit- und Kochmanagement völlig danebenlag, denn meist kochte ich nur für zwei bis maximal drei Personen, ging fast täglich einkaufen und fühlte mich überfordert.

Ich beschloss also, meine Situation zu erleichtern. Mein Mann und ich berechneten das Haushaltsbudget für eine Woche und ich schrieb ab diesem Zeitpunkt einen Speiseplan für jede Woche – Restltag(e) inklusive. Immer wieder ging uns nach vier bis fünf Tagen die Milch aus, aber abgesehen davon schafften wir es, für bis zu zehn Tage, trotz kleinster Lagermöglichkeit in einer Grazer Wohnung, nur einmal einkaufen zu

gehen. Ich hatte meine Finanzen unter Kontrolle und kaufte keine unnötigen Dinge ein. Zudem konnte ich die freie Zeit, die ich bisher für den unter Umständen täglichen Einkauf aufbrachte, für persönliche Vorhaben nutzen. Heute, nach 13 Jahren Wochenplanung, mit mittlerweile drei Kindern, Garten und Landleben ohne Nahversorgung, bin ich immer noch sehr froh über dieses „Planungsinstrument" (Kopiervorlage siehe Seite 280). Es erspart mir viel Zeit, Restltage und gute Planung reduzieren die Menge der Lebensmittel, die uns schlecht werden, auf ein Minimum, und wir tragen so wieder ein wenig dazu bei, unser Klima, unser Budget und unsere Gesundheit zu schonen. Komme ich aus irgendeinem Grund aus dem Rhythmus, merke ich, wie mich das häufigere Einkaufen stresst.

Wie schreibe ich einen Wochenplan in der Praxis?
Bei mir beginnt die Planung oft am Mittwoch, da ich am Donnerstag mit meinen Kindern in die Musikschule fahre und so automatisch unterwegs bin. Aus vielerlei Gründen beziehe ich meine Familie in die Planung mit ein. Die Kinder bringen ihre Ideen vor, ich denke mir meinen Teil dazu und schon steht meist ein Plan für vier Tage. Manchmal nehme ich ein Kochbuch in die Hand und hole mir daraus Inspirationen. Oft nehme ich neue Ideen aus den Kochkursen des Grünen Zebras mit nach Hause und im Sommer ist der Oberchefplaner mein Garten. Gibt es Zucchini im Überschuss, werden sie verarbeitet, wachsen Brennnesseln, plane ich sie ein, hat Rhabarber Saison, verwende ich ihn. So kann ich sicher sein, dass mir die Ideen nie ausgehen.

Gute Vorbereitung macht 80 % des Erfolges aus
Nun haben Sie also gut eingekauft, Sie wissen, was Sie in der nächsten Woche kochen werden. Ein weiterer Schritt in der „schnellen, guten Küche" ist die optimale Vorbereitung der Lebensmittelzutaten.

Wochenplan im Herbst

Planung der Speisen, vor allem Mittagessen, zwischendurch aber auch einmal Abendessen

MO *Gemüsesuppe und Buchweizen-Gemüse-Pizza*

DI *Erdäpfellaibchen, Apfel-Birnen-Kompott*

MI *Reispfanne mit Huhn und Salat, Joghurt mit Zwetschkenröster*

DO *Kürbisstrudel mit Schafkäse und Endiviensalat, Zimtschnecken /
Erdäpfelvielfalt mit Butter, Salz und einem Glas Milch*

FR *Nudeln mit Gemüsesugo, Schokoladenpudding*

SA *Faschierte Laibchen, Erdäpfelpüree, Obstrohkost / Topinambursuppe*

SO *Gemüseschnitzel mit Schafkäsedip, Salatvariationen,
Apfel-Birnen-Mostcreme / Kokosmilchreis auf Herbsthimbeerspiegel*

Vom Bauern(markt)

*Milch, Mehle, Kümmel, Eier,
Huhn, Käse, Joghurt*

Garten (oder Bauernmarkt)

*Kürbis, Karotten, Kräuter,
Topinambur, Äpfel, Birnen,
Zwetschken, Himbeeren, Salate*

Supermarkt

Salz, Olivenöl

Fleischerei

Faschiertes, Schinken

Am Tag zuvor

Viele Zutaten können Sie bereits vorbereiten:
- den ausgewogenen Reis bereitstellen
- Gemüse putzen, Zwiebel schälen und in geschlossenen Behältern (zum Beispiel in einem großen Marmeladeglas) im Kühlschrank verwahren
- Getreide/Bohnen in Wasser einweichen oder abwiegen
- Mehle, Zucker und andere Zutaten auswiegen
- manche Teige wie Blätterteig/Topfenblätterteig oder Mürbteig werden am Vorabend zubereitet

Am Morgen

Der Dinkelreis/Reis/die Hirse und andere Getreide werden aufgestellt, während Sie frühstücken und die Morgentoilette verrichten. Wenn Sie das Haus verlassen, ist ein Teil des Essens bereits gekocht und hat gut Zeit, auf der noch warmen Herdplatte auszuquellen.

Zu Mittag

Während Sie zum Beispiel Erdäpfel dämpfen, holen Sie das vorbereitete Gemüse aus dem Kühlschrank und schneiden es, rollen Teige aus etc.
– Die Arbeitszeit verkürzt sich durch optimale Vorbereitung und Organisation auf ein Minimum. Sie sind gelassen und können bei Bedarf auf die Mithilfe der hungrigen Kinder zählen, da Sie verkündet haben: „Wer ein schnelles Essen möchte, darf gerne dazu beitragen, dass es rascher gelingt."

Konservieren – traditionell

Eine weitere Methode des Zeitmanagements und eine Möglichkeit, abwechslungsreich saisonal zu leben und Ernteüberschüsse sinnvoll zu verwerten, ist das Konservieren.

Wir können es uns nicht vorstellen, ohne das Konservieren von Obst und Gemüse über den Winter zu kommen. Für uns war immer klar, wir brauchen einen guten Vorrat, auf welchen wir zurückgreifen können. Es gibt sicher auch viele hochwertige Marmeladen, Chutneys und sauer Eingelegtes in Bio-Qualität auf Bauernmärkten und in Supermärkten zu erstehen, aber uns war der Preis oft zu hoch und zudem wollten und wollen wir nach wie vor selber bestimmen, wie viel von welcher Art von Zucker und anderen Lebensmitteln, die nicht so gesund für uns sind (Beispiel Zitronensäure oder Einsiedehilfen), in unserer Vorratskammer stehen. Wir sind uns sicher, dass in unseren Marmeladen nur beste Früchte zu finden sind.

Konservieren ist für uns ein schonendes Haltbarmachen, mit so wenig Zucker wie nur möglich und mit so vielen reifen Früchten unserer Wahl wie nur vorhanden. Oftmals tauschen wir mit Freunden und Bekannten, damit wir unseren Überschuss, zum Beispiel an Ringlotten, abbauen und dafür Pfirsiche oder Weintrauben bekommen. Wir haben auch bereits über Postings auf Facebook sehr feine Tauschergebnisse erzielt.

Einkochen und Einlegen von Obst und Gemüse ist ein Ritual, welches uns sehr viel Kraft gibt – trotz der Arbeit freuen wir uns tagelang darüber, wie viele Ribisel wir wieder eingekocht haben. Umso mehr freuen sich alle Familienmitglieder mit, wenn sie bei der Ernte oder der Herstellung der Marmeladen, Chutneys oder Kompotte mitgeholfen haben.

Dennoch möchten wir keine idealisierte Welt vorgaukeln. Wir, meist Frauen, haben mit dem täglichen Planen, Kochen, Managen, Arbeiten, Haus- und Gartenhalten eine Menge Arbeit. Die Frage, die wir uns hier stellen müssen, ist: Wie viel ist uns diese natürliche Art von Leben wert?

Wenn es Ihnen so wie uns wichtig ist, täglich zu kochen, dann hilft Ihnen der Wochenplan bestimmt, um Zeit und Geld zu sparen und sich nicht täglich fragen zu müssen: „Was koche ich heute wieder?" Ihr Vorrat an schonend konserviertem Obst und Gemüse erweitert und bereichert dabei ganz einfach Ihren Speiseplan, vor allem in den Winter- und Frühjahrsmonaten.

Konservieren von Eintöpfen und Suppen
Fastfood boomt. Durch von der Nahrungsmittelindustrie vorgegebene Lebensideale, die durch milliardenschwere Werbung in unsere Köpfe getrichtert werden, driften wir immer mehr von einer natürlichen, gesunden Lebensweise ab.

Dazu braucht es keine wissenschaftlichen Studien. Es reicht ein Besuch in einem großen Supermarkt. Schauen Sie sich um. Was wird dort angeboten? Stellen Sie sich einmal bewusst in den Kassenbereich und beobachten Sie, was Ihre Mitmenschen einkaufen. Selten begegnen uns Menschen, die in ihrem Einkaufswagen nur Gemüse, Obst und Getreide in unverarbeiteter Bio-Qualität liegen haben.

Die Verführung, sich schnell ein Essen aufzutauen, Sugo aus dem Glas über die Nudeln zu gießen, den Inhalt eines „Paktls" in Wasser zu einer schnellen Suppe einzurühren, ist riesengroß. Der Schaden, der mit diesen Produkten angerichtet wird, ist aber viel größer. Beginnend bei den Zutaten – von Konservierungs-, Farb- und Geschmacksstoffen – über mit Giftstoffen und Genen produzierten Nahrungsmitteln bis hin zu langen Transportwegen, geringem gesundheitlichen Wert und hohen Energiebilanzen, wird darüber hinaus auch der Geschmack der heranwachsenden Generationen verbildet und verdorben.

Was also tun, wenn Sie nicht gerade das Glück haben, in einem Mehrgenerationenhaushalt auf die Mithilfe von der Großmutter oder Mutter zählen zu können? Der bereits erwähnte Wochenplan und gute Vorbereitung sind das Um und Auf. Wenn es aber trotzdem mit dem Kochen immer wieder nicht gelingen mag, haben wir einige Tipps für Sie:

1. **Kochen Sie immer wieder bewusst mehr** als Sie essen können und wärmen Sie zum Beispiel einen Eintopf oder eine Suppe ein bis zwei Tage später wieder auf. Der Wertverlust ist gering, sofern die Speisen nach rascher Abkühlung sofort ihren Platz im Kühlschrank finden. Viele Speisen wie Chili, Gulasch oder Reis schmecken auch nach Tagen noch gut oder sogar besser. Werten Sie diese Speisen immer mit frischen Kräutern, Sprossen und Salaten auf!

2. **Kochen Sie, wenn es zeitlich passt, bewusst mehr und konservieren Sie „das Zuviel":** Ein Eintopf – heiß in saubere Marmeladengläser mit sauberem und unversehrtem Deckel eingefüllt, im Rohr (Wasserbad) oder Dampfgarer bei 90 °C 5–10 Minuten sterilisiert – hält als vegetarische Variante einige Wochen, auch mit Fleisch über eine längere Zeit, wenn man ihn dann in den Kühlschrank stellt.

Rezept S. 201

Rezept S. 161

Rezept S. 123

Tipp: Im Winter bei niedrigen Temperaturen empfiehlt es sich, die fertigen Gläser nach draußen zu stellen und dort rasch abkühlen zu lassen, bevor man sie in den Kühlschrank gibt. Je schneller man die Speisen abkühlt, desto länger halten sie danach. Dennoch sind wir dagegen, die heißen Gläser direkt in den Kühlschrank zu stellen, dies kostet einfach zu viel Energie. Bei uns kommen sie zuerst ins kalte Wasserbad.

Seien Sie erfinderisch und konsequent im Zeit-Einsparen

Als berufstätige Mütter schöpfen wir aus unserem Erfahrungsschatz:

- Suchen Sie sich Bauern aus der Umgebung, die auch zustellen. Uns wird zum Beispiel wöchentlich Milch und Getreide geliefert.
- Nehmen Sie Ihre Kinder zum Einkaufen im Supermarkt nicht mit. Das erspart viel Zeit und Nerven. Zudem werden die Kinder nicht mit Kaufrausch-Reizen überflutet.
- „Das gibt es heute nicht" – es muss nicht immer alles zu Hause vorhanden sein. Wenn es einmal keine Milch, Wurst oder keinen Käse gibt, muss man deshalb nicht extra einkaufen. Es tut auch gut, wenn es etwas einmal nicht gibt. Dann freut man sich wieder auf das „Vorhanden-Sein" dieses Lebensmittels und lässt sich unter Umständen sogar ein neues Gericht mit den noch vorhandenen Zutaten einfallen.
- Sehen Sie Ihren Garten (Balkongarten) als Freund an. Er muss nicht „pippifein" gejätet sein und glänzen. Er soll Ihnen die Vielfalt liefern, die Sie brauchen. Stressen Sie sich nicht mit Perfektionismus in diesem Terrain – es sei denn, Sie haben genug Zeit dafür.
- „Ein-Gang-Menü" für Tage mit wenig Zeit zum Kochen: Auch Erdäpfel mit Butter, Salz und Salat (optimal mit Sprossen) sind ein vollwertiges Mittagessen!
- Lernen Sie Brot backen und die Herstellung verschiedener Teige (Strudelteig, Blätterteig, Brandteig, Topfenblätterteig etc.) – Sie werden sehen, mit etwas Übung geht es flott, Teige selber herzustellen. Sie sind nicht nur günstig und lassen sich vorbereiten, sondern schmecken auch unvergleichbar besser. Mit diesem Handwerkszeug können Sie es sich leisten, den Supermarkt noch länger links liegen zu lassen.

VOM GARTEN UND DEN KRÄUTERN

Eine der häufigsten Wünsche, die Kunden an uns herantragen, besteht darin, mehr über Kräuter zu erfahren. Schnittlauch, Basilikum und Petersilie werden meist erkannt, darüber hinaus ist zwar die Neugierde groß, die Angst vor neuen Geschmackserlebnissen aber ebenfalls.

Ein erster Tipp: Probieren Sie aus. Seien Sie mutig.

„Ja, das möchte ich", lautet die Antwort, „aber dann habe ich ein Kraut zu Hause und es schmeckt nicht. Ich weiß nicht, wie ich es pflege, wann ich es zum Gericht gebe, wie es wirkt. Ich bin damit überfordert!"

Starten wir deshalb mit einer Vorstellung der wichtigsten Kräuter und noch einmal der Anregung: Kosten und probieren Sie aus, zuerst mit wenig, dann mit immer mehr Kräutern, und Sie werden eine große Freude haben. Mit etwas Geduld können Sie Glutamat und andere künstliche Geschmacksverstärker aus Ihrem Leben verbannen.

6 Gartenkräuter zum Starten

Zunächst möchten wir Ihnen ein paar Vorschläge zum Ausprobieren machen. Ihre Fantasie und Liebe zu den Kräutern eröffnen bald noch viel mehr Möglichkeiten.

- **Basilikum** – am besten frisch für die Sommerküche: Nudelsaucen, Getreide- und Gemüsepfannen, Salate, Saucen, Gerichte mit Paradeisern, Schaf- und Ziegenkäse
- **Thymian** für die mediterrane Küche: Suppen, Eintöpfe, Fleischgerichte – besonders in Kombination mit Rotwein –, Marinaden, Schwammerl- und Lebergerichte, Paradeisersaucen, Käse
- **Französischer Estragon** (schmeckt aromatischer als der russische): Rindfleisch, Fisch, Huhn, Gemüse- und Getreidelaibchen, Saucen, sauer Eingelegtes, Salatmarinaden
- **Oregano** – pikanter und intensiver als Majoran: Pizzen, Paradeisergerichte, Saucen mit Faschiertem, Erdäpfel-, Gemüse- und Schmorgerichte, Fleischmarinaden

- **Rosmarin** – eine weiteres Gewürz für die mediterrane Küche: Huhn, Gemüsegerichte mit Melanzani und Paradeiser, Grill- und Pilzgerichte, Pizzen
- **Schnittknoblauch**: universal überall dort einsetzbar, wo der Knoblauchgeschmack dezent ausfallen soll

6 Wiesenkräuter zum Starten

Alle Wiesenkräuter passen in einen grünen Smoothie. Verwenden Sie höchstens drei Sorten auf einmal, verändern Sie mengenmäßig die Anteile, mixen Sie Ihr Lieblingsobst dazu und erfinden Sie schließlich Ihren persönlichen Lieblingssmoothie! Das Gleiche gilt für Kräutersuppen und -saucen – natürlich ohne Obst.

- **Löwenzahn**: Salate – meist in Kombination mit Erdäpfeln, Beimischung zu Kochsalat
- **Giersch** – am besten schmecken die hellgrünen, zarten Blätter: Beigabe zu Salaten und Spinat
- **Vogelmiere** – erinnert im Geschmack an jungen Mais: Beigabe zu Salaten und statt Spinat
- **Gundelrebe** – Würzzutat in kleinen Mengen: Salatmarinaden, Teige, Kräuterbutter, Topfenaufstrich, Gemüse- und Getreidelaibchen
- **Brennnessel** – am besten blanchiert verwenden: Spinat, Palatschinken, Backteig, pikante Füllungen, Aufstriche
- **Spitzwegerich** – am besten schmecken zarte, junge Blätter: Beigabe zu Salaten, Spinat und Suppeneinlagen

Das ist überschaubar, finden Sie nicht auch? Beginnen Sie mit dem für Sie am verlockendsten klingenden Gartenkraut – hegen und pflegen Sie es im Garten, am Balkon oder auf der Fensterbank. Wenn Sie mit einem Kraut vertraut sind, kommt ein weiteres hinzu. Und so weiter und so kreativ …

VOM GEMÜSEBÜRSTL UND VON SCHALEN

Bereits Kinder wissen: In der Schale sind die meisten wertvollen Inhaltsstoffe –
bei Obst und manchmal auch beim Gemüse. So sind wir dahinter, dass der Apfel mit
der Schale gegessen wird oder auch im Strudel mit der Schale verwendet wird.

Das Gleiche – und dies ist nun schon weniger gängig – gilt auch für Karotten, Pastinaken, Petersilwurzeln und Rohnen. Da wird die Schale meist recht großzügig mit einem Schäler abgeschält. Frische Erdäpfel im Herbst, Zucchini, junger Kohlrabi, einige Kürbisarten, um Beispiele zu nennen, müssen nicht geschält werden. Ein Gemüsebürstl (eine kleine Bürste, vorzugsweise aus Naturfaser) ist ein idealer und – wenn man es einmal sein „Eigen" nennen darf – nicht mehr wegzudenkender Küchenhelfer.

Der Vergleich

Nehmen Sie eine Karotte vom Bauernmarkt her. Sie ist meist noch ein wenig erdig. Ja, das gehört so, da sie dann länger hält und: weil eben die Vitamine und Mineralstoffe sowie alle sekundären Pflanzenstoffe noch in der Schale sind. Mit der Gemüsebürste und kaltem Wasser kann ich nahezu jede Karotte super reinigen, ohne Schaden anzurichten. Die „Enden" werden in bescheidenem Maße gemeinsam mit den schlechten Stellen mit dem Messer weggeschnitten. Fertig. Grüne Köpfe schmecken bei Karotten bitter, enthalten jedoch kein giftiges Solanin wie die Nachtschattengewächse Erdäpfel und Paradeiser.

Wenn man es sich aussuchen kann, nimmt man also vorzugsweise Karotten vom Bauern(markt) und nicht die in industriellen Waschanlagen gewaschenen, denn diese sind in ihrer Wertigkeit den anderen Karotten unterlegen.

Anregungen für neue Ideen

- Dämpfen Sie Erdäpfel immer mit der Schale! Ob im professionellen Dampfgarer oder im einfachen „Dämpfeinsatz" – durch Dämpfen der Erdäpfel wie auch anderer Gemüsesorten bleiben viele Inhaltsstoffe wie zum Beispiel Vitamin B und C weitgehend erhalten, während diese beim Kochen im Wasser verloren gehen, weil sie wasserlöslich sind. Bitte schälen Sie Erdäpfel niemals vor dem Kochen.

- Produzieren Sie Ihre eigenen Geschmacksverstärker! Schälen Sie gewaschene Bio-Zitronen oder -Orangen mit einem Gemüseschäler. Lassen Sie diese Schalen für zwei bis drei Tage an einem warmen Ort in Ihrer Küche trocknen. Am besten legen Sie die Schalen nebeneinander auf einen Teller. Sind die Schalen trocken, lagern Sie diese Schätze in einem Glas. So haben Sie immer natürliche Geschmacksverstärker bei der Hand. Schalen von Bio-Zitronen und -Orangen schmecken herrlich in Tees oder gerieben, geschnitten oder gemahlen in diversen pikanten und süßen Gerichten.

- Trocknen Sie Apfelschalen (mit einem Dörrapparat oder auch am Teller) und machen Sie daraus feinen Tee. | Kräuter trocknen Sie am besten mit Stängel im Bündel am Dachboden oder an einem warmen Ort ohne Sonneneinstrahlung. Die Blätter – je nach Kraut verwenden Sie auch die Blüten – sind innerhalb kürzester Zeit trocken und können abgerebelt und bei Bedarf in einer Gewürzmühle gemahlen werden. Viele Kräuter (jedoch nicht alle) werden unmittelbar vor der Blüte am Vormittag bei trockenem Wetter geerntet.

Tipp: Über das Trocknen von Gemüse erfahren Sie mehr auf Seite 185.

VON DER FLEXIBILITÄT UND KREATIVITÄT
oder: Wie Sie den Geschmack eines jeden Mitgliedes einer „Horde" (z.B. Familie) treffen

„Was auf den Tisch kommt, wird gegessen." So oder ähnlich hieß es früher. Heute, bestimmt auch als Zeichen unseres Überflusses, kristallisieren sich immer mehr verwöhnte Gaumen heraus. Einmal verwöhnt und schwer umzustimmen gilt hier, wieder mehr auszuprobieren, zu entdecken, zu kosten.

Rezept S. 175

Mit diesem „Faktum" müssen wir heute leben, wo es in jedem Geschäft ein großes Angebot an „kindgerecht in Augenhöhe" angebotenem – bitte entschuldigen Sie den Ausdruck – Sondermüll gibt.

Das hat es früher (sagen wir vor 50 Jahren) nun wirklich nicht in diesem Ausmaß gegeben. Der Geschmack der Kinder ist also die eine Sache, die Erziehung eine andere. Und die Geschmäcker der Erwachsenen auch wieder eine persönliche Sache.

Um mit diesen Geschmacksvorlieben bestmöglich umgehen zu lernen, also den Geschmack von möglichst vielen Familienmitgliedern bei wenig Zeit zu treffen, braucht es schon Erfahrung, aber auch den Mut, Neues anzubieten und: ein paar Tricks. Diese haben wir für Sie hier aufgelistet:

- Einfaches Abändern von Füllungen, Saucen, Beilagen und mehr
  Nehmen wir als bestes Beispiel einen Strudel her. Bereiten Sie einen Teig vor und füllen Sie ihn in abgewandelter Weise
  - mit Erdäpfel-Kräuter-Fülle für die einen
  - mit Erdäpfel-Käse-Schinken-Fülle für die anderen
  - mit Erdäpfel-Spinat-Schafkäse-Fülle für weitere Genießer
  - mit Erdäpfel-Schwammerl-Fülle für den besonderen Geschmack

Der Mehraufwand ist gering, die Basis der Fülle bleibt gleich, aber die einen lieben es vegetarisch, die anderen brauchen unbedingt Fleisch, die dritten mögen keinen Käse, die vierten unbedingt. Dieses Prinzip können Sie auch für folgende Gerichte anwenden:
  - Palatschinken, Tortillas und Wraps
  - Pfannen- und Reisgerichte (durch späteres Hinzufügen von z.B. Fleisch und Käse oder von bestimmten Gemüsesorten)

Kleinkinder, die ohne Zuckerbomben und Fastfood aufwachsen, sind zuerst einmal zufrieden. Kommt dann aber die erste Tante mit einer Packung Zuckerl, erfährt das Kind im Kindergarten von anderem „Picki-Süß" und später in der Volksschule von Fastfoodketten, bekommt es ab nun auch bei jeder Gelegenheit – sei es beim Hausarzt oder im Schuhgeschäft oder beim ersten Kindergeburtstag „Köstlichkeiten" dieser Art zu kosten, beginnt es zu wählen und zu fordern. Plötzlich möchte das Kind mehr, verweigert Gemüse oder Obst und entwickelt „Eigenheiten".

- ◦ Nudelsaucen
- ◦ Pizzabeläge
- ◦ Quiches, Tartes
- ◦ Knödelfüllungen
- ◦ diverse Laibchen

- Pürieren Sie Suppen oder Füllungen für die Gourmets (meist Kinder), die prinzipiell sagen, dass sie kein Gemüse mögen. Salatverweigerern können Sie mit grünen Smoothies (zuerst gesüßt mit Banane und Trockenfrüchten) unter Umständen eine neue Welt eröffnen.
- Benennen Sie Ihre Gerichte kindgerecht nach dem Motto: Statt Brennnesselspinatsuppe gibt es Frühlingssuppe; statt Dinkelkuchen gibt es Schokokuchen (wie viel Schokolade oder Kakao dann tatsächlich im Teig war, ist ja nicht so wichtig, aber es klingt einfach besser); aus „Gemüseauflauf" machen Sie „Wurzelpeterpfanne" und so weiter.

8–10-mal muss der Mensch ein Lebensmittel kosten, damit er entscheiden kann, ob er dieses mag oder nicht. Deshalb ist es so wichtig, zu kosten, auszuprobieren und kreative Lösungsmöglichkeiten zu suchen. Dies möchten wir mit unserem Kochbuch fördern und unterstützen. So sehen Sie unsere Rezepte bitte gerne als Anregung und Inspiration und weniger als „fix vorgegebene Anleitungen".

Rezept S. 197

Rezept S. 157

VON DER AUSWAHL DER LEBENSMITTEL

Abschließend möchten wir noch auf ein paar Punkte eingehen, auf die wir bei der Auswahl und Zubereitung achtgeben: Farben, Vielfalt, biologischer Anbau, saisonale Lebensweise, lokales Angebot und natürliche Lebensmittel.

Vom Sinn der verschiedenen Farben von Lebensmitteln

Iss bunt, von jeder Farbe soll etwas dabei sein – wenn möglich. Grün, orange, rot, gelb, die Vielfalt enthält auch eine Vielzahl von Inhaltsstoffen! So gesund die einzelnen Obst- und Gemüsesorten sind, es macht Sinn, diese abwechslungsreich zu sich zu nehmen.

Vielfalt!

Ist sie nicht herrlich, die Vielfalt unter dem Sternenhimmel? In dem Wissen, dass die Sortenvielfalt unzähliger Nutzpflanzen bedroht ist – alleine auf den Philippinen wurden früher tausende Reissorten angebaut, heute sind es hauptsächlich drei –, stehen wir für den Anbau und die Verwendung von möglichst vielen Sorten an Obst, Gemüse und Getreide der Saison.

Halten Sie kurz inne und stellen Sie sich vor, wie eine reife Cocktailtomate frisch geerntet schmeckt. Vergleichen Sie einmal den Geschmack einer „Ochsenherz" mit dem von einer „Grünen Zebra". Zum Schluss kosten Sie eine „Dattelwein". Sie werden feststellen, dass sich diese Paradeisersorten nicht nur durch Form und Farbe, sondern auch durch ihren Geschmack unterscheiden. Dazu kommt, dass ich nicht jeden Paradeiser für dasselbe Gericht einsetzen kann. So nehme ich für „Gefüllte Tomaten" den „Red Stuffer", für das Konservieren von eigenem Ketchup Fleischtomaten, für Salate gerne auch Cocktailtomaten. Gut, dass es so eine tolle Auswahl gibt. Erhalten wir sie!

Vielfalt verlängert die Saison

Nehmen wir als Beispiel unsere persönliche Lieblingsbeere, die Himbeere. Durch geschickte Sortenauswahl ernten wir von Juli bis zum Eintreffen des ersten Frostes durchgehend Himbeeren – mindestens vier Monate lang.

Was ist „Grün" in unseren Rezepten?

Während der Wintermonate – je nach Witterung länger oder kürzer – wachsen bei uns weder Schnittlauch noch Petersilie im Freien und nur wenige Kräuter wie zum Beispiel Thymian. Der letzte Winter war eine Ausnahme, da wuchs Petersilie unter dem Vlies im ungeheizten Tunnel.

Eingefrorene Kräuter entsprechen nicht unseren Geschmacksvorstellungen. Deshalb greifen wir im Winter auf getrocknete Kräuter und verfügbares Grün – meist in Form von Asia-Salaten oder Wildkräutern – zurück und geben so unseren Gerichten die Winternote.

Wenn Sie also in unseren Rezepten „Grün, gehackt" lesen, nehmen Sie das, was für Sie in Ihrem Garten, auf den Wiesen oder auf den lokalen Märkten verfügbar ist.

Frische biologische Ernährung: unleistbar?
Frische biologische Ernährung bedeutet
Gesundheit, Geschmack, Genuss und Ver-
antwortung. Luxus, der nicht leistbar ist?
Wir sagen klar: „Nein!"

Es kommt auf den richtigen Einkauf, die
Organisation des täglichen Kochens und die
persönliche Auswahl der Gerichte an. Kochen
im Kreislauf der Jahreszeiten bringt freudige
Abwechslung auf den Tisch und entlastet die
Geldbörse.

Dabei unterscheiden wir sehr wohl: Die
im österreichischen Glashaus (bei -15 °C)
gezüchtete Bio-Erdbeere im Jänner ist nicht
bezeichnend für das, was wir meinen. Auch
nicht der ägyptische Bio-Erdapfel. Wir meinen
heimische Bio-Vielfalt der Saison.

*Der unverwechselbare Geschmack von
natürlichen Lebensmitteln*
In unseren Rezepten verwenden wir natürliche
Lebensmittel mit purem Geschmack. Kurz:
Wir verzichten auf künstliche Zucker, auf-
schlagbare Cremen & Co, setzen aber sehr
wohl Zutaten wie Tofu, Joghurt oder Schlagobers ein. Wir beschränken uns bei der Verwendung von industriell gefertigten Zutaten
also bewusst auf jene, die jeder von uns auch
in seiner Küche herstellen könnte.

*Wir lassen die Saison unsere Speisenauswahl
treffen …*
und wir kultivieren unseren Naturverstand.
So ist unsere Küche sehr abwechslungsreich
an Vielfalt und Geschmack. Wie ein saisona-
les Leben aussehen kann, zeigen wir in diesem
Buch. Es ist gesund, saisonal zu leben: für
Mensch und Natur, für unser Klima und die
Stärkung unserer heimischen Biolandwirtschaft.
Es ist uns eine Freude, so leben zu dürfen.

EIN PAAR ERKLÄRUNGEN ZUM BUCH

Der Rezeptteil ist nach Monaten gegliedert und wie folgt strukturiert:

- Einleitung: An dieser Stelle gehen wir auf Herausforderungen in Bezug auf die Saison ein, Sie finden hier aber auch Tipps für Vegetarier, für den Garten und vieles mehr
- 1 Frühstücksvorschlag – diese Rezepte eignen sich meist auch als eigenständige Mahlzeit
- 1 Suppe oder Vorspeise
- 1–2 Salate
- 4–5 Hauptspeisen
- 1–2 Nachspeisen
- Konserviertes in den Sommermonaten

Bei den Rezepten finden Sie darüber hinaus Angaben zu folgenden Punkten:

- **Zubereitungs- und Garzeit:** Beim Rezept finden Sie, sofern nötig, Gartemperatur, Backofentemperatur etc., aber auch Hinweise zur Zubereitungszeit. Da beim Kochen jeder ein anderes Arbeitstempo hat und unterschiedliche Hilfsmittel und Maschinen verwendet, sind Zeitangaben schwierig. Ganz wenige Rezepte erfordern einen besonderen Aufwand, diese beinhalten auch einen Organisationsvorschlag, um die Gerichte leichter umzusetzen.
- **Icons & Tipps:** Durch die Verwendung von klar erkennbaren Icons möchten wir Ihnen schnell ersichtlich zeigen, dass das Gericht
  - vegetarisch oder
  - vegan ist
  - glutenfrei ist
  - sich besonders für Berufstätige oder das Kochen mit Kindern eignet
  - mit wenig Aufwand in mehrere „neue" Gerichte umfunktioniert werden kann
  - den Geschmack von Kindern gut trifft
  - Darüber hinaus nennen wir die Mengenangaben, falls diese vom 4-Personen-Rezept abweichen, und
  - ergänzen alternative Zutaten und Zubereitungsmöglichkeiten

Zeichenerklärung

 vegetarisch – bei Nachspeisen nicht gekennzeichnet, da immer vegetarisch

 vegan

 glutenfrei

 unter Berücksichtigung der Organisationstipps für Berufstätige geeignet

 für verschiedene Geschmäcker abwandelbar

 Kindergeschmack

 Eine strichlierte Linie rund um das Icon bedeutet, dass nur ein Rezept auf der Seite z.B. vegan ist.

Abkürzungen

kg	Kilogramm
g	Gramm
l	Liter
ml	Milliliter
EL	Esslöffel, Suppenlöffel
TL	Teelöffel
Msp.	Messerspitze
Pkg.	Packung

ÜBER UNS

Irene Mösenbacher und Gabriele Gauper

Gemeinsam leiten wir seit 2009 Österreichs erste Bio-Kochschule *Grünes Zebra*. Wir sind:

Gabriele Gauper – Profiköchin und Pädagogin:
In der Kochschule bin ich für Kursleitung, Rezeptentwicklung, Gartengestaltung und vieles mehr zuständig. Mein Blickwinkel schließt den gesundheitlichen Wert der Speisen ein und grenzt industriell Verarbeitetes aus.

Gesunde Mahlzeiten und feine Geschmackserlebnisse sind für mich ein Ganzes. Meine größte Freude ist es, wenn unsere Kursteilnehmer ihre eigene Kreativität entdecken und vertiefen, wenn sie den Wert und puren Geschmacks reifer Früchte aus biologischem Anbau erkennen. Meine Vision ist, dass gesunde Ernährung mit regionalen, saisonalen, biologischen und fair gehandelten Produkten für viele Menschen umsetzbar und leistbar ist.

30 Jahre Gartenerfahrung als ganzjährige Selbstversorgerin fließen sowohl in die Kochkurse als auch in das vorliegende Buch ein – ein Zusatzbonus für Garten-, Terrassen- und Balkonliebhaber. Mir ist die Erhaltung von natürlichen Lebensgrundlagen und das Ernährungsbewusstsein in verantwortlicher und ökologischer Hinsicht ein großes Anliegen.

Irene Mösenbacher – Umweltsystemwissenschaftlerin, Klimacoach, Bildungsreferentin:
Ich bringe Ernährung und globale Verantwortung in den richtigen Kontext. Ich bin für Marketing, Kommunikation und den Bildungsfaktor in den Kursen zuständig. Meine Passion ist es, neue Wege aufzuzeigen, die uns ein Leben im Einklang mit der Natur ermöglichen. Dabei ist es mir ein Anliegen, Eltern zu bestärken, trotz Berufstätigkeit großen Wert auf das tägliche Kochen mit saisonalen Bioprodukten von lokalen Bauern(märkten) zu legen.

In diesem Buch verrate ich Tipps und Tricks, wie sich Mütter und Väter mit gutem „Küchenmanagement" das Leben erleichtern können.

REZEPTE

JÄNNER

Die Rezepte im Überblick

Der Jänner zeichnet sich in unseren Breiten oft durch klirrende Kälte und Schnee aus.

Nach der deftigen und immer wieder überladenen Weihnachts- und Festtagszeit verlangt der Körper nach einem bescheidenen, hochwertigen und leicht verdaulichen Speiseplan.

Im Sinne der Natur, als deren Teil wir uns verstehen, ist in unserem Klimabereich Wurzelgemüse optimal. Es lässt sich sowohl im Freien (bei entsprechender Vorkehrung) als auch im richtig temperierten Keller gut lagern. Der Apfel teilt sich gemeinsam mit getrockneten Früchten, Nüssen, Bohnen, eingelegten Besonderheiten, vielfältigen Getreidesorten und Wurzelgemüse das Vorratslager. Eine maßvolle Auswahl, die mit fernöstlichen Gewürzen und qualitätsvollen Zutaten unseren Gaumen berührt. Fleisch als Beilage gibt es hin und wieder.

Der Garten ruht. Schnellen Schrittes werden zwischendurch unter dicken Laubschichten Wintersalate und Rüben geerntet, sonst bleibt er sich selbst überlassen.

Je nach Mondphase fallen die ersten Samen von Paradeisern und Paprika sanft in die liebevoll vorbereiteten Frühbeete, -kisterln und -töpfe und erfreuen bald das Herz der Hobbygärtner.

SPROSSEN-FAINA

Das erste Mal aß ich die Faina in einem Pizza-Restaurant in Buenos Aires. Sie stach mir unter all den mit Schinken und Käse beladenen Pizzen sofort ins Auge und eroberte im Nu meinen Gaumen. Als schnelles Gericht rangiert sie mit einem frischen Salat seither in der Beliebtheitsskala ganz oben. • Original wird die Faina mit Kichererbsenmehl zubereitet, sie gelingt auch mit einer Mischung aus Mais- und Buchweizenmehl. Ausgehend vom Grundteig gibt es viele verschiedene Zubereitungsarten – sehen Sie diese Faina als Anregung für viele weitere Kreationen.

250 g Kichererbsenmehl
1/2 TL Weinsteinbackpulver
ca. 500 ml Wasser
1/2 TL Steinsalz
30–50 ml Olivenöl
1 großer Erdapfel, fein gerieben
2 harte Eier, fein gehackt
2 EL Grün, gehackt
Pfeffer, im Mörser frisch
  zerstoßen
1/2 Stange Lauch
2–4 EL Käse, gerieben
1 Handvoll beliebige Sprossen

Zubereitungszeit • 10 min | 4 h (Quell-
zeit) | 15 min (Garzeit im vorgeheizten
Rohr)

1. Mehl, Weinsteinbackpulver, Wasser, Steinsalz und Olivenöl miteinander verrühren und 4 Stunden rasten lassen. Nach der Rastzeit soll der Teig eine dickflüssige Konsistenz (dicker als Palatschinkenteig) aufweisen.

2. Backrohr und Auflaufform auf 180 °C vorheizen. Fein geriebenen Erdapfel, gehackte Eier, gehacktes Grün und Pfeffer unter den angesetzten Teig mengen und alles zusammen in die heiße Auflaufform füllen. Diese sofort ins Backrohr schieben und 10 Minuten backen.

3. Währenddessen den Lauch waschen, in feine Ringe schneiden und mit dem geriebenen Käse vermischen. Die Faina nach 10 Minuten Backzeit mit der Lauch-Käse-Mischung bestreuen und weitere 5 Minuten backen.

4. Mit den Sprossen bestreut servieren.

HÜHNEREINMACHSUPPE
mit Maisknöderln

Beim Huhn ist die Brust klarer Favorit: mager, vielfältig einsetzbar und in wenigen Minuten zubereitet. Das Huhn hat jedoch noch viele andere Teile, die – entsprechend zubereitet – ganz vorzüglich schmecken. Diese Teile finden bei uns weniger Beachtung und werden daher u.a. exportiert – in die benachteiligten Länder des Südens, wo sie die lokalen Märkte zerstören. • Mit dem Kauf eines ganzen Huhnes setzen Sie einerseits Zeichen und sparen andererseits Geld, denn aus den nicht so beliebten Teilen lässt sich eine wunderbare Einmachsuppe zubereiten. Mit Knödeln ergänzt ist sie eine vollständige Mahlzeit.

Für die Hühnereinmachsuppe

ca. 1/2 kg Hühnerklein nach
    Wahl: Herz, Magerl, Kragen,
    Flügerl, Haxerl
1 Zwiebel, klein geschnitten
1 Petersilienwurzel,
    klein geschnitten
1–2 EL Schweine- oder
    Butterschmalz
2 EL Mehl oder glutenfreies
    Mehl
3 Knoblauchzehen, grob gehackt
2 Lorbeerblätter
2–3 Pimentkörner
etwas Muskatblüte
Pfeffer, gemahlen
1 TL Steinsalz
250 g Karotten, geputzt und
    würfelig geschnitten
optional: je 100 g Erbsen oder
    Champignons
etwas Zitronensaft
30–50 ml Schlagobers
Grün zum Bestreuen

Für die Maisknöderl

230–250 ml Milch
Steinsalz
Chilipulver nach Geschmack
1/2 TL Thymian
130 g Maisgrieß
1 kleines Ei

Zubereitungszeit • Hühnereinmach-
suppe: 20 min | Garzeit des Huhnes:
ca. 2 h | Maisknöderl: 30 min

1. Für die Hühnereinmachsuppe Hühnerteile, Zwiebel und Petersilienwurzel im gewählten Schmalz anrösten. Mit Mehl stauben, grob gehackten Knoblauch dazugeben, kurz weiterrösten und mit so viel Wasser aufgießen, bis die Hühnerteile gut bedeckt sind. Gewürze, Pfeffer und Salz hinzufügen und die Suppe 1 1/2 Stunden köcheln lassen. Zwischendurch einmal umrühren. Danach die würfelig geschnittenen Karotten dazugeben und alles zusammen weitere 30 Minuten kochen, bis das Fleisch weich ist. Möchten Sie die Suppe mit Erbsen und Champignons verfeinern, kommen diese 5–10 Minuten vor Garende dazu.

2. Das Hühnerfleisch aus der Suppe nehmen, in kleine Stücke schneiden bzw. von Haut und Knochen lösen und in die Suppe zurückgeben. Abschließend mit Zitronensaft und Schlagobers verfeinern, abschmecken und mit den Knöderln servieren.

3. Sollte die Suppe zu dünn sein, können Sie sie mit einem Mehlteigerl binden. Dazu 1–2 EL Vollkornmehl oder Maisstärke mit 50 ml Wasser verrühren, zur Suppe geben und einmal aufkochen lassen.

4. Für die Maisknöderl Milch mit Salz, Chilipulver und Thymian aufkochen. Den Maisgrieß einrieseln lassen, gut durchrühren und eindicken lassen. Da jeder Maisgrieß unterschiedlich Flüssigkeit aufnimmt, lässt sich die exakte Milchmenge nicht festlegen. Nach kurzem Überkühlen die Masse abschmecken, das Ei darunterrühren und marillengroße Knöderl formen. Diese in Salzwasser ein paar Minuten ziehen lassen und zum Servieren in die fertige Suppe einlegen.

Tipp: Bio-Freilandhühner, die nach Lust und Laune scharren können, dürfen langsam wachsen und doppelt so lange leben wie ihre konventionell gehaltenen Artgenossen. Das Fleisch ist besonders aromatisch und liefert wertvolle B-Vitamine.

Organisationstipps: Kochen Sie die Suppe, wenn Sie ohnehin daheim beschäftigt sind und die Suppe nebenher köcheln kann. Der Arbeitsaufwand ist relativ gering, nur die Garzeit ist lang. • Die Knödelmasse lässt sich gut vorbereiten – am besten in der 3-fachen Menge. Dann gibt es sie am nächsten Tag mit Käse gratiniert in Paradeisersauce oder mit Rahmspinat.

SAUERKRAUTSALAT
mit Weichseln und Kernöl

Rohes Sauerkraut ist im Winter ein hervorragender natürlicher Schutz gegen Erkältungskrankheiten. Es entgiftet den Verdauungstrakt, fördert die Blutbildung, stärkt die Nerven, senkt den Blutdruck und der hohe Anteil an Ballaststoffen wirkt verdauungsfördernd. All diese und noch weitere Vorzüge bietet Sauerkraut, wenn es durch natürliche Milchsäuregärung hergestellt wird. Kaufen Sie es deshalb beim Bauern oder im Bioladen. • Vielleicht finden auch Sie an dieser steirischen süßsauren Variante Gefallen.

250 g naturvergorenes Sauerkraut
1–2 EL getrocknete Weichseln,
  klein geschnitten (Ersatz:
  Preiselbeeren)
2–3 EL Kernöl
optional: 1 Knoblauchzehe,
  fein gehackt

....

Zubereitungszeit • 5–10 min | Ein-
weichzeit der Weichseln: 30 min
oder mehr

Die getrockneten Weichseln im ausgetretenen Sauer-
krautsaft mindestens 30 Minuten einweichen, danach
mit den restlichen Zutaten vermengen und den Salat
servieren.

FLAN VOM STACHELKÜRBIS

Mit dem Stachelkürbis, dem Chouchou, machte ich auf der Île de la Réunion, einer Insel im Indischen Ozean, Bekanntschaft. Dort wächst er das ganze Jahr über beinahe wie Unkraut und steht fast täglich in irgendeiner Form auf dem Speiseplan. Die vielfältige Einsetzbarkeit und die lange Lagerfähigkeit dieser Frucht überzeugten mich und so erwarb ich in einer Gärtnerei ein Exemplar zum Ansetzen. Seither rankt sich Chouchou in unserem Garten einen wilden Zwetschkenbaum empor und erfreut uns mit unzähligen Früchten ab September. Das Fruchtfleisch schmeckt ziemlich neutral, daher ist er vielseitig verwendbar. • Selbstverständlich gelingt dieses Rezept mit jedem Kürbis.

Für die Stachelkürbismasse
700 g Stachelkürbis, geputzt
   und geschält
20 g Butter
2 Knoblauchzehen, fein gehackt
Harissa nach Geschmack
1/2 TL Steinsalz und Pfeffer,
   im Mörser frisch zerstoßen

....

Für die Béchamelsauce
20 g Butter
20 g Mehl oder glutenfreies
   Mehl
140 ml Milch oder vegane Milch
140 ml Schlagobers
Muskatblüte

....

Für die Fertigstellung
100 g Käse, gerieben
Pfeffer, im Mörser frisch
   zerstoßen
50 g Haselnusskerne,
   grob gehackt
1 EL Haselnussöl

....

Zubereitungszeit • 45 min
Garzeit • ca. 40 min

1. Kürbis in Stücke schneiden und über Dampf 10–15 Minuten weich garen, anschließend gut abtropfen lassen.

2. Während des Dampfens die Béchamelsauce zubereiten. Dazu die Butter in einem Topf zerlassen, das Mehl hinzufügen und so lange bei mäßiger Temperatur rösten, bis es zu duften beginnt. Milch und Schlagobers hinzufügen und unter ständigem Rühren mit dem Schneebesen kurz aufkochen lassen. Mit Muskatblüte abschmecken.

3. Butter, Knoblauch und Gewürze zum gedämpften Stachelkürbis hinzufügen und mit einem Erdäpfelstampfer zerdrücken. Die Béchamelsauce unter die Kürbismasse heben. Die Masse in bebutterte Gratinierförmchen geben und mit Käse bestreuen. Im vorgeheizten Rohr bei 175 °C überbacken, bis sich die Oberfläche leicht zu bräunen beginnt. Nun die Haselnüsse darüberstreuen und den Flan weitere 10 Minuten backen.

4. Vor dem Servieren mit Haselnussöl beträufeln.

Lagerung: Das Beste an diesem Kürbis ist seine lange Lagerfähigkeit im Keller oder in einem kühlen, dunklen Raum. So steht er noch auf dem Speiseplan, wenn die Kürbisse schon längst nicht mehr Saison haben.

Gartentipps: Es gibt 2 Sorten – eine mit und eine ohne Stacheln. In unserem Garten wächst die stachelige Sorte gut, zum Schälen trage ich daher dicke Arbeitshandschuhe. • Ab Ende Jänner beginnen die ersten Früchte auszutreiben, manche lassen sich bis Mitte April Zeit. Setzen Sie Früchte mit frühem Austrieb ab April in einen großen Topf und stellen Sie diesen an einen warmen Ort. So können Sie nach den Eismännern gut entwickelte Pflanzen aussetzen.

Bezugsquelle: Fragen Sie in Ihrer Nähe einen Gärtner oder Bauern, der sich für Sortenvielfalt einsetzt.

Organisationstipps: Der Kürbis kann bereits vorher gekocht werden. • Wenn man statt der kleinen Portionsförmchen eine große Gratinierform nimmt, kann man auch ein paar Minuten einsparen.

ORIENTALISCHE GERSTEN-FLEISCH-BÄLLCHEN
in Paradeisersauce

Hierzulande ist es weit verbreitet, dass man getrocknete Gewürze mitkocht und frische gegen Ende der Garzeit zum Gericht gibt. Auf meinen Reisen in den Orient und auf Inseln des Indischen Ozeans habe ich mit den unterschiedlichsten Menschen – zu Hause und in Restaurants – gekocht und dabei die großen Geschmackserlebnisse von in Öl angerösteten Gewürzen kennengelernt. Bereits beim Rösten erfährt man durch diverse Düfte von beispielsweise Kreuzkümmel, Ingwer, Ras el Hanout oder Cinq-Épices eine virtuelle Reise in den Orient, die einen in bezaubernde Stimmungen, Träume und Momente schwingen kann. Unvergleichlich besser schmeckt das Endprodukt – ob Curry, Carri oder Tajine. Entdecken Sie eine neue Welt der Sinne.

Für die Gersten-Fleisch-Bällchen

30 g Butter
1/2 TL Koriander, gemahlen
1/2 TL Muskatnuss, gerieben
1/4 TL Zimt, gemahlen
1 TL Ingwerpulver
1/4 TL Kardamom
1 Prise Nelken, gemahlen
Chilipulver nach Geschmack
2 Knoblauchzehen, gehackt
optional: 1 TL getrocknete Minze
Saft von 1/2 Zitrone
80 g Gerstenflocken
ca. 100 ml Milch oder vegane
  Milch, erhitzt
500 g Faschiertes vom Rind
1 Ei
Steinsalz und Pfeffer, im Mörser
  frisch zerstoßen
Butterschmalz oder Bratöl zum
  Braten

Für die Paradeisersauce

1 große Zwiebel
1–2 Knoblauchzehen
1 EL Olivenöl
1/2 TL Rohrübenzucker
1 EL feines Dinkelmehl
500 ml Paradeiser, gewürfelt
  oder passiert (aus dem Glas/
  der Flasche)
Steinsalz und Pfeffer, im Mörser
  frisch zerstoßen
evtl. Alfalfa-Sprossen und
  Löwenzahn zum Garnieren

Zubereitungszeit • 50–60 min |
Rastzeit: 30 min oder mehr

1. Für die Gersten-Fleisch-Bällchen die Butter in einem kleinen Topf bei mittlerer Hitze langsam zerlassen. Die Gewürze hinzufügen und 2–3 Minuten braten, bis sie aromatisch duften. Gehackten Knoblauch und getrocknete Minzeblätter unterrühren und die Mischung gut salzen und pfeffern. Den Zitronensaft dazugeben und die Mischung mindestens 30 Minuten an einem warmen Platz durchziehen lassen.

2. Gerstenflocken mit der heißen Milch übergießen und auch 30 Minuten ziehen lassen.

3. Faschiertes, Ei, die Gewürzmasse und die eingeweichten Gerstenflocken gut vermengen und nochmals mit Salz und Pfeffer abschmecken.

4. Abschließend aus der Masse nussgroße Bällchen formen, diese in Öl knusprig herausbraten und anschließend auf einer Küchenrolle abtropfen lassen.

5. Für die Paradeisersauce Zwiebel und Knoblauch getrennt fein hacken. Zwiebel in Olivenöl goldgelb anrösten, Knoblauch und Zucker kurz mitrösten. Mehl dazustreuen, ebenfalls kurz mitrösten und mit den Paradeisern aufgießen. Die Sauce unter Rühren mit dem Schneebesen kurz aufkochen und mit Salz und Pfeffer abschmecken. Um eine ganz feine Sauce zu erhalten, kann man sie mit dem Mixstab pürieren.

6. Die Gersten-Fleisch-Bällchen mit der Paradeisersauce servieren und nach Belieben beispielsweise mit Alfalfa-Sprossen und Löwenzahn garnieren.

Organisationstipps: Sie können die Masse ohne Fleisch am Vortag zubereiten. • Formen Sie größere Laibchen statt Bällchen. • Bereiten Sie die Paradeisersauce zu, während Gewürze und Flocken rasten, oder verwenden Sie nach Möglichkeit die eigene Sauce aus dem Glas.

ERDÄPFEL-MOZZARELLA-LAIBCHEN
und Karottengemüse mit Schaum von der Quittenessenz

*Erdäpfellaibchen zählen zu den kulinarischen Familienhits, einerseits weil
sie ohne großen Aufwand hergestellt werden können, andererseits weil es mit
geringen Abänderungen möglich ist, jeden Geschmack der einzelnen Familienmitglieder zu treffen. Es bieten sich diverse Saucen als Beilage an.*

Für die Erdäpfel-Mozzarella-Laibchen

800 g mehlige Erdäpfel
1 EL Paprikawürfel, getrocknet
    (Herstellung siehe Rezept
    Seite 185)
50 g Butter
100 g Sauerrahm
80 g Dinkelvollkornmehl
150–200 g Mozzarella
2 Eier
2 TL Herbes de Provence
3 EL Petersilie, gehackt
Muskat
Steinsalz und Pfeffer, im Mörser
    frisch zerstoßen
optional: 150 g (Roh)Schinken,
    gehackt
zum Wälzen: ca. 80 g Brösel
    gemischt mit 3 EL Sesam
Butterschmalz oder Erdnussöl

....

Für das Karottengemüse mit Schaum von der Quittenessenz

400 g geputzte, färbige Karotten
1/2 oder 1 kleine Stange Lauch
1 Zwiebel, grob gehackt
2 EL Butter
1 TL Dinkelmehl
200 ml Gemüsebrühe
1/2 Salzzitrone
    (Ersatz: 1/2 Zitrone ohne
    Schale, in Stücke geschnitten)
30 ml Quittenessenz
wenn verfügbar: 1 Zweig
    Zitronen- oder Orangen-
    thymian, abgerebelt
70 ml Schlagobers
Steinsalz und Pfeffer, im
    Mörser frisch zerstoßen
Grün zum Garnieren

....

Zubereitungszeit • Erdäpfel-Mozzarella-Laibchen: 30 min (ohne Gar-
zeit der Erdäpfel) | Backzeit in einer
großen Pfanne: 15–20 min (oder Gar-
zeit im vorgeheizten Rohr: 30 min) |
Karottengemüse mit Schaum von der
Quittenessenz: 30 min

1. Für die Erdäpfel-Mozzarella-Laibchen die Erdäpfel in der Schale über Dampf kochen. Getrocknete Paprikawürfel in 2 EL Wasser einweichen. Die gegarten Erdäpfel schälen, durch die Presse drücken und mit den restlichen Zutaten zu einem mittelfesten Teig verarbeiten. Laibchen formen und in der Brösel-Sesam-Mischung wälzen.

2. Es gibt zwei Backmöglichkeiten: Man kann die Laibchen in einer Pfanne in 1 EL Butterschmalz pro Durchgang auf beiden Seiten goldgelb braten. Oder man setzt die Laibchen auf ein mit Erdnussöl bestrichenes Backblech, bestreicht sie mit Erdnussöl und bäckt sie im Rohr bei 170 °C goldbraun.

3. Für das Karottengemüse die Karotten mit dem Hobel in ganz dünne Scheiben (diese eventuell nochmals halbieren) oder in Streifen schneiden. Den Lauch in Ringe schneiden. Gemüse im Dampf bissfest garen.

4. Grob gehackte Zwiebel in 1 EL Butter anschwitzen, mit Mehl stauben und mit Gemüsebrühe aufgießen. Zitrone, Quittenessenz und Thymian dazugeben und 10 Minuten köcheln lassen. Die Sauce mit dem Stabmixer fein pürieren. Mit Schlagobers verfeinern und mit der restlichen Butter montieren. Mit Salz und Pfeffer abschmecken und eventuell noch einmal mixen.

5. Die Sauce über das Gemüse gießen und mit verfügbarem Grün bestreut servieren.

Organisationstipp: Hilfe organisieren – gemeinsam Erdäpfel schälen und durch die Presse drücken. Nach dem Motto: „Wenn ihr mithelft, steht das Essen schneller auf dem Tisch" finden sich bestimmt hungrige Mäuler, die dieses Angebot – mit Raunen oder Freude – annehmen.

Tipps: Immer ein paar Erdäpfel mehr aufstellen, als im Rezept verlangt sind. Beim Erdäpfelschälen zu „naschen" ist erlaubt und stillt den Heißhunger auf ungesunde Nahrungsmittel. • Die Erdäpfellaibchen lassen sich auf vielfältige Weise variieren. Geben Sie saisonal abgestimmt dazu: fein geschnittenen Lauch oder Brokkoli, Karottenstücke, getrocknete Paradeiser, geriebenen Hart- oder Schnittkäse, 100 g Topfen, frische Kräuter …

GEBRATENER DINKELREIS
mit Hochlandrind und Soja-Sesam-Sauce

Weißkraut ist nicht jedermanns Lieblingsgemüse – Assoziationen wie deftig oder gar fad kommen dem einen oder anderen in den Sinn, wenn er an dieses Gemüse denkt. Das Dämpfen lindert den typischen Geschmack des Weißkrauts, das mit scharfem Pfeffer, den Pilzen und dem Rindfleisch gut harmoniert. Erst die Sauce verleiht dem Gericht den feinen Schliff.

Für den gebratenen Dinkelreis
300 ml Dinkelreis
600 ml Wasser oder leichte
  Gemüsebrühe
500 g Weißkraut
2 Zwiebeln
3 Knoblauchzehen
1 kleine Stange Lauch
200 g Kräuterseitlinge
5 EL Sesamöl
Steinsalz
500 g Faschiertes vom
  Hochlandrind
Pfeffer, wenn vorhanden
  Szechuanpfeffer
2 EL Sesam, geröstet
2 EL Grün, gehackt

Für die Soja-Sesam-Sauce
3 Knoblauchzehen, gehackt
1 EL Zwiebel, fein gehackt
7 EL Sojasauce
3 EL Reisessig (Ersatz: Apfel-
  Honig-Balsamessig)
optional: 1 EL Mirin
3 EL Sesamöl
1–2 TL Rohrübenzucker
Chilipulver nach Geschmack

Zubereitungszeit • Dinkelreis: 45 min
(ohne Garzeit des Dinkelreises) |
Soja-Sesam-Sauce: 10 min

1. Dinkelreis waschen und mit Wasser oder Gemüse-brühe aufkochen. Hitze um zwei Drittel reduzieren, den Dinkelreis so lange köcheln lassen, bis sich an der Oberfläche Löcher zeigen und das Kochwasser beinahe vollständig aufgesogen wurde. Nun den Reis auf der ausgeschalteten Platte ausdünsten lassen.

2. Das Weißkraut in feine Streifen hobeln, im Dampf bissfest garen und gut abtropfen lassen. Zwiebeln und Knoblauch getrennt fein hacken. Lauch der Länge nach halbieren und in Ringe schneiden. Kräuterseit-linge nur trocken mit einem Tuch abreiben und in 4 mm dicke Scheiben schneiden.

3. Zwiebelstücke in 2 EL Öl hell anbraten. Pilze, Knob-lauch und Lauch dazugeben, 2–3 Minuten braten, die Mischung salzen, dann zur Seite stellen.

4. Faschiertes in 1 EL Öl heiß anbraten, bis es knusprig braun ist. Dann salzen, kräftig pfeffern und ebenfalls zur Seite stellen.

5. Kraut in 1 EL Öl kurz anbraten, den letzten Löffel Öl hinzufügen und den Reis mitbraten. Sobald der Reis heiß ist, mit der Zwiebel-Pilz-Mischung und dem Faschierten vermengen und abschmecken. Mit gerös-tetem Sesam und gehacktem Grün bestreut servieren, die Soja-Sesam-Sauce getrennt dazu reichen.

6. Für die Soja-Sesam-Sauce alle Zutaten gut verrühren.

Tipps: Ersetzen Sie den Reis durch Bandnudeln! • Wenn Sie Faschiertes von Tieren, die langsam gewachsen sind, bei hoher Temperatur (z.B. Stufe 5 von 6 Stufen) unter Rühren anbraten, tritt kaum Wasser aus.

Organisationstipp: Vom Vortag übrig gebliebener Dinkelreis verwandelt sich am nächsten Tag in eine neue Speise.

KÄFERBOHNENEINTOPF
mit Labneh

Eintöpfe sind die Entschleuniger in der Küche schlechthin. Mit frischem Ingwer und Chili können sie im Winter richtig einheizen. Selbstverständlich schmeckt dieses Gericht auch mit gemahlenen Gewürzen köstlich – im Mörser frisch zerstoßen schmecken Gewürze allerdings um eine Nuance besser. Entscheiden Sie selbst, ob Sie das Gericht eher süß oder würzig bevorzugen.

Für den Käferbohneneintopf

1/2 TL Koriandersamen
1/2 TL Kreuzkümmelsamen
1/2 TL Senfkörner
1/2 TL Fenchelsamen
1/2 TL Bockshornkleesamen
250 g rote Zwiebeln
2–4 Knoblauchzehen
1 kleines Stück frischer Ingwer
300 g Karotten
300 g Erdäpfel
200 g Bodenkohlrabi
  (Ersatz: Rüben)
1 unbehandelte Orange
2–3 EL Olivenöl
Chiliflocken nach Geschmack
1 Stange Zimt
500 ml Paradeisersauce im Glas
ca. 250 ml Gemüsebrühe
1/2 TL Steinsalz
500 g Käferbohnen, gekocht
3–5 EL Sojasauce oder Tamari
3 EL Ahornsirup oder Akazienhonig (= relativ geschmacks-
  neutral)

Für den Labneh

2 Becher Schafjoghurt
  (Ersatz: Kuhmilchjoghurt
  mit hohem Fettgehalt)
1/2 TL Steinsalz
1 Knoblauchzehe, gehackt
1 TL Olivenöl
2 EL fein gehackter Winterrucola und Paprikapulver
  zum Bestreuen

Zubereitungszeit • Käferbohnen-
eintopf: 50 min | Garzeit: 60 min |
Labneh: 10 min | Abtropfzeit: 12 h

1. Für den Käferbohneneintopf Koriander, Kreuz-kümmel, Senfkörner, Fenchelsamen und Bockshorn-kleesamen im Mörser frisch zerstoßen. Zwiebeln und Knoblauch getrennt hacken und zur Seite stellen. Ingwer schälen und fein hacken bzw. reiben. Karotten waschen, Erdäpfel und Bodenkohlrabi schälen, anschließend in max. 1 cm große Würfel schneiden. Orange heiß abspülen und achteln.

2. Zwiebelwürfel in Olivenöl glasig anschwitzen. Im Mörser zerstoßene Gewürze und Chili hinzufügen und 2–3 Minuten bei mäßiger Hitze rösten. Knoblauch, Ingwer und Zimtstange dazugeben und kurz rösten. Nun kommen Gemüsewürfel, Paradeisersauce, Orangenspalten, Gemüsebrühe und Salz dazu. Gut umrühren – das Gemüse soll mit der Flüssigkeit gut bedeckt sein. Den Eintopf mit geschlossenem Deckel 40–50 Minuten köcheln lassen, bis das Gemüse gar ist. Am Schluss die gekochten Käferbohnen, Soja-sauce bzw. Tamari und Ahornsirup oder Akazienhonig hinzufügen, ein paar Minuten ziehen lassen und den Eintopf vor dem Servieren abschmecken.

3. Für den Labneh Joghurt in einer Schüssel mit dem Salz verrühren. Ein Sieb mit einem Tuch auslegen und über eine Schüssel hängen. Joghurt hineingeben und 12 Stunden abtropfen lassen.

4. Abgetropftes Joghurt mit gehacktem Knoblauch und Öl verrühren. Den Labneh in eine Servier-schüssel füllen und mit Winterrucola und Paprika-pulver bestreuen.

Organisationstipps: Vor-kochen ohne Einfrieren: Ein Eintopf lässt sich gut vorbereiten, aufwärmen und wenn nötig für einige Zeit konservieren. Wenn Sie das fertige Gericht heiß in saubere Schraubgläser füllen und im Rohr bei 90 °C 10 Minuten sterilisieren, hält sich der Eintopf wochenlang gekühlt im Kühlschrank. • Mehr kochen und sich dabei Zeit ersparen: Es lohnt sich durchaus, am Wochen-ende die doppelte Menge zu kochen. So können Sie bei Zeitmangel während der Woche auf ein eigenes, gesundes Fertiggericht zurückgreifen.

SCHICHTCREME
süßes Getreide, Apfelmus, Schokoladenpudding

Während der Sommermonate besuchen uns Frauen aus der ganzen Welt mit dem Ziel, voneinander zu lernen. Nach dem Win-win-Prinzip versammeln sich so in der Kochschule Grünes Zebra Profis aus verschiedenen Teilbereichen der Kochwelt, Fotografinnen oder Menschen mit anderen besonderen Talenten. Sie alle interessieren sich für nachhaltige Lebensweise. Die Zusammentreffen sind ein bereicherndes gegenseitiges Lernen. • Ivana, Konditorin aus Serbien, kam das erste Mal 2013 zu uns, um unter anderem zu lernen, wie wir die Früchte des Sommers mit wenig Zucker und möglichst geringem Arbeitsaufwand konservieren, um sie im Winter in der Küche kreativ einsetzen zu können. Sie hingegen zeigte uns alte und neue Techniken für die optische Gestaltung von feinen Desserts sowie traditionell serbische Gerichte. Wir beschäftigten uns vor allem mit veganen Nachspeisen und dabei entstand diese Schichtcreme.

Für das süße Getreide
(für mindestens 10 Portionen)
250 g Getreide nach Wahl:
  Dinkel, Einkorn, Emmer, Kamut
750 g Wasser
125 g beliebige Nüsse, gerieben
25–50 g Honig
1 TL Bourbon-Vanillezucker
Muskat nach Geschmack

....

Für das Apfelmus
(für mindestens 1 l Mus)
Saft und Schale von 1/2 Zitrone
1 Stange Zimt
8 Nelken
200 ml Wasser
2 kg säuerliche Äpfel, am besten
  Streuobst
Rohrübenzucker nach
  Geschmack

....

Für den Schokoladenpudding
(für 800 ml Pudding)
6 EL Maisstärke
750 ml Milch (auch Kokosmilch,
  Reismilch, Mandelmilch)
2 TL Bourbon-Vanillezucker
2 EL Rohrübenzucker
3–4 EL Kakaopulver
Schlagobers zum Garnieren

....

Zubereitungszeit • Süßes Getreide:
20–30 min | Garzeit: bis zu 2 Stunden |
Mus: 30–45 min | Pudding: 10–15 min

1. Das Getreide in der 3-fachen Wassermenge bei mäßiger Temperatur (leicht köchelnd) weich kochen – das dauert je nach Getreidesorte bis zu 2 Stunden. Das ausgekühlte Getreide mit den restlichen Zutaten vermengen und durch den Fleischwolf drehen. Um eine ganz feine Konsistenz zu erreichen, dreht man die Masse ein zweites Mal durch den Fleischwolf – der Arbeitsaufwand ist unwesentlich länger. Anschließend abschmecken.

2. Für das Apfelmus Zitronenschale, Zimtstange und Nelken in 200 ml Wasser 10–15 Minuten köcheln lassen, anschließend den Gewürzsud abseihen.

3. Die Äpfel je nach Größe vierteln oder achteln, vom Kerngehäuse befreien und im Gewürzsud weich kochen. Die Äpfel nun durch ein Passiersieb streichen, Zitronensaft hinzufügen und nach Geschmack zuckern.

4. Für den Schokoladenpudding Maisstärke mit ca. 100 ml Milch verrühren. Restliche Milch mit Bourbon-Vanillezucker und Zucker aufkochen, dabei den Kakao einrühren, sobald die Milch warm ist. Die angerührte Maistärke unter Verwendung eines Schneebesens einrühren und den Pudding 15 Sekunden kochen. Topf vom Feuer nehmen und den Pudding bei Bedarf nachsüßen.

5. Für die Schichtcreme wird nun zuerst die ausgekühlte Getreideschicht ins Glas gefüllt und mit einem Löffel leicht hineingedrückt. Der Pudding kommt warm darüber, damit er sich leichter eingießen lässt. Warten Sie, bis der Pudding ausgekühlt ist, bevor abschließend die Apfelmusschicht daraufkommt und die Schichtcreme nach Belieben mit etwas Schlagobers garniert wird. Die Dicke der einzelnen Schichten richtet sich nach der gewünschten Portionsgröße.

Vegetarische oder vegane Variante: Selbstverständlich können Sie bei der Zubereitung des Puddings nach Belieben zwischen Kuhmilch und veganer Milch entscheiden.

Organisationstipp: Jede Schicht darf auch als eigenständiges Dessert serviert werden – wer mag, garniert mit einem Tupfer Schlagobers. Die Getreideschicht hält in einem verschlossenen Glas mindestens 10 Tage im Kühlschrank. Das Apfelmus können Sie bei Apfelüberschuss im Garten in einer größeren Menge konservieren.

Tipps: Beim Apfelmus richtet sich die genaue Flüssigkeitsmenge nach der gewünschten Konsistenz des Muses. • Beim Schokoladenpudding können 2 EL Kakaopulver durch 100 g dunkle oder helle Schokolade ersetzt werden.

Konservierung: Das heiße Apfelmus bis zum Rand, der sauber bleiben muss, in reine Gläser füllen. Das gelingt am besten mit einem Trichter mit extra großer Öffnung. Die Gläser mit unversehrten Deckeln schließen und im Wasserbad (Rohr) bei 80 °C eine Viertelstunde sterilisieren. Gläser vollständig auskühlen lassen und dunkel und kühl lagern.

FEBRUAR

Die Rezepte im Überblick

Bei aller Liebe zum Schnee, die Sehnsucht nach wärmenden Sonnenstrahlen, frischem Grün und Kräutern steigt bereits jetzt.

- *Geduld, nur Geduld: Die ersten sonnengereiften Erdbeeren gibt es erst im Mai.*

- *Jetzt ist Februar und wir nutzen die Zeit, weitere Samen in die Erde zu legen (Wurzelsellerie, Salate, Melanzani) und ziehen Sprossen, um unsere Lust auf frische Triebe zu stillen.*

- *Fasten: Es hat schon einen Grund, warum im Februar und März in den verschiedensten Glaubenskulturen zum Fasten angeregt wird. Der Körper will entgiften. Kraut, Wurzelgemüse, je nach Witterung bereits ein paar Wildkräuter aus der Wiese (z.B. Löwenzahn) und der Verzicht auf Genussmittel steigern das persönliche Energielevel.*

- *Wärme: Die Wärme holen wir uns aus der gekochten Nahrung. Kalte Speisen aus dem Kühlschrank vermeiden wir (wie z.B. Joghurt), Gefrorenes (wie z.B. Eis) entzieht uns Wärme – deshalb setzen wir auf wärmende Gewürze und Lebensmittel.*

- *Mit Suppen sorgen wir für wohlige Wärme und sie geben uns Kraft, um gesund zu bleiben.*

TALGGEN
mit gedünsteten Äpfeln

Talggen war bereits im Frühmittelalter in Oberkärnten ein wichtiges Grundnahrungsmittel. Weizen, Roggen, Dinkel oder Hafer – entweder nur eine Sorte oder mehrere in verschiedenen Mischverhältnissen – wird zuerst gedämpft, dann gedörrt und grob vermahlen. Heute erlebt er eine gewisse Reminiszenz und wird hauptsächlich in Kärntner Bauernläden zum Verkauf angeboten. Der Talggen kann durch verschiedene Grießsorten ersetzt werden. • Dieses schnelle Frühstück hält Sie lange satt, ohne den Magen zu belasten! Alternativ können die gedünsteten Äpfel mit Dinkelgrieß gegessen werden.

100 g Talggen
220 ml Wasser
3 Msp. Steinsalz
2 säuerliche Äpfel
1 EL Butter oder Bio-Margarine
etwas Zimt
1 TL Honig oder Rohrüben-
zucker

Zubereitungszeit • 15 min

1. Talggen vor dem Kochen sieben, um etwaige Steinchen zu entfernen. Anschließend ohne Fett rösten, bis er zu duften beginnt. Dann mit Salzwasser aufgießen und kurz aufkochen lassen. Talggen einmal umrühren, dann auf der ausgeschalteten Herdplatte 5 Minuten ausdünsten lassen.

2. Äpfel in kleine Würfel schneiden. Butter oder Margarine in einem weiteren Topf schmelzen und die Äpfel darin ein paar Minuten dünsten. Nun mit Zimt bestäuben und unter den Talggen mengen. Den Talggen mit Honig beträufelt oder mit Zucker bestreut servieren.

Organisationstipp: Um Zeit zu sparen, kann man die gewürfelten Äpfel mit dem Talggen quellen lassen. In diesem Fall vor dem Servieren Butter oder Margarine und Zimt untermengen und mit Honig beträufeln bzw. mit Zucker leicht süßen.

TOPINAMBURSUPPE
mit Chips

Mit Topinambur verbinde ich seit meiner Kindheit den Geschmack nach Metall mit einem gleichzeitigen kalten Schauer, der über den Rücken läuft. Die Topinambursuppe reichte für unsere neunköpfige Familie mindestens 3 Tage lang – dieselbe Menge Gemüsesuppe war mit einem Satz weg. Aus diesem Grund hat mich Topinambur nie interessiert und fand keinen Einzug in meinen Garten. • Vor einigen Jahren bot mir meine Nachbarin dieses Gemüse an, denn wenn man es anbaut, hat man meist zu viel davon. Ich wollte das Angebot nicht ablehnen und nahm die Herausforderung an, eine köstliche Suppe zu kochen. Zur Geschmacksmilderung gab ich ein paar Erdäpfel dazu und röstete diese mit den Topinamburwürfeln gründlich an. Da Schlagobers jeder Suppe eine cremige Konsistenz und einen feinen, süßlichen Geschmack verleiht, verfeinerte ich die Suppe am Ende der Garzeit damit. • Zur Freude der ganzen Familie schmeckte die Suppe ausgezeichnet und erweitert seither unseren Winterspeiseplan. Mittlerweile schmeckt sie uns auch ohne Schlagobers sehr gut. • Topinambur ist reich an Inulin und daher für Diabetiker geeignet. Neben einem hohen Ballaststoff- und Eiweißgehalt weist die Wurzel auch viele Mineralstoffe auf. Die Knollen trocknen relativ schnell aus, man lagert daher am besten eine geringe Menge in ein feuchtes Tuch eingewickelt an einem kühlen Ort.

Für die Chips

4 Knollen Topinambur
4 lila Erdäpfel
1 EL Erdnussöl
Senfsprossen zum Garnieren

Für die Topinambursuppe

1 Zwiebel
2 Knoblauchzehen
2 mittelgroße Erdäpfel oder
  Karotten
5 Knollen Topinambur
2 EL Olivenöl
1/3 TL Koriander, im Mörser
  grob zerstoßen
1 Lorbeerblatt, eingerissen
Chiliflocken oder -pulver
  nach Geschmack
ca. 1200 ml Gemüsebrühe
30–50 ml Schlagobers oder
  beliebiges Nussmus für
  vegane Variante
Steinsalz und Pfeffer, im
  Mörser frisch zerstoßen
Sprossen zum Garnieren

Zubereitungszeit • Suppe: 30 min |
Garzeit: 20 min | Chips: 15–20 min |
Garzeit: 20 min

1. Für die Chips das Rohr auf 175 °C vorheizen. Die ungeschälten Topinamburknollen und Erdäpfel möglichst gleichmäßig mit dem Gemüsehobel oder einem großen Messer in 3 mm dicke Scheiben schneiden und auf ein mit Erdnussöl ausgestrichenes Backblech legen. Die Gemüsescheiben ca. 20 Minuten backen, bis sie an den Rändern goldbraun sind. Die Chips werden hart, sobald sie ausgekühlt sind. Für die Garnitur wird nur ein Teil der Chips benötigt, die restlichen halten sich ein paar Tage in einem verschlossenen Glas, sofern sie nicht gleich als Snack verschmaust werden.

2. Für die Topinambursuppe Zwiebel und Knoblauch getrennt hacken. Erdäpfel bzw. Karotten und Topinambur schälen und in ca. 1 cm große Würfel schneiden. Zwiebel in 1 EL Öl bei mäßiger Hitze goldgelb anbraten, Knoblauch, Koriander, Lorbeerblatt und Chili hinzufügen und kurz mitrösten. Restliches Olivenöl, Erdäpfel bzw. Karotten und Topinambur hinzufügen und alles zusammen weitere 2 Minuten rösten. Anschließend mit Gemüsebrühe aufgießen und das Gemüse ca. 15 Minuten kochen, bis es gar ist.

3. Schlagobers oder Nussmus hinzufügen, die Suppe mit dem Mixstab fein pürieren und mit Salz und Pfeffer abschmecken.

4. Mit Sprossen und Chips garnieren.

Tipp: Wenn Sie bei der Topinambursuppe das Schlagobers weglassen, eignet sich die Suppe auch als Fastensuppe.

Gartentipps: Topinambur gibt es mittlerweile auf vielen Bauernmärkten, reservieren Sie sich ein paar Knollen für die Frühjahrspflanzung Anfang Mai! • Topinambur wuchert anspruchslos auf jedem Boden und eignet sich von Juli bis Oktober hervorragend als Sichtschutz. Um eine rasche Ausbreitung der Wurzeln im ganzen Garten zu verhindern, sollte der Pflanzplatz unterirdisch abgegrenzt werden. • Wenn die Pflanzen im Herbst angehäuft und mit Laub abgedeckt werden, kann man während des Winters immer frische Früchte ernten.

ASIA-SALATE
mit Kren-Ribisel-Dressing

250 g Asia-Blattsalate wie Red
Giant, Blattsenf, Namenia,
Grün im Schnee, Mizuna ...

Für das Kren-Ribisel-Dressing
2 EL Ribisel- oder Preiselbeermarmelade (nicht passiert)
4 EL Sauerrahm
2–3 TL Kren, frisch gerieben
3 EL Hanföl
Steinsalz und Pfeffer, im Mörser
frisch zerstoßen

Zubereitungszeit • 15 min

1. Die Blattsalate bei Bedarf halbieren oder dritteln.

2. Für das Dressing alle Zutaten verrühren und vor dem
Servieren unter die Blattsalate mischen.

Für die süß-scharfe Hühnerleber

300 g Hühnerleber
2 Knoblauchzehen, fein
  geschnitten
Chilipulver nach Geschmack
1 EL Olivenöl
1 EL Butter
1 EL Ribiseldicksaft oder
  Ähnliches
Steinsalz
fein gehackte Petersilie zum
  Bestreuen

....

Für das Rohnen-Mohn-Püree

500 g Rohnen
1/3 TL Kümmel
80 ml Schlagobers
1 Prise geräuchertes Paprikapulver
etwas Zitronensaft und fein
  geriebene Zitronenschale
1/3–1 EL Maisstärke
1–2 EL Kren, gerieben
2–3 EL Mohnsamen
1 EL Mohnöl

....

Für den Safrancouscous

1 Teelöffelspitze Safranfäden
ca. 250 ml leichte Gemüsebrühe
2/3 TL Steinsalz
150 g Couscous
1 EL Butter
Sprossen zum Garnieren

....

Zubereitungszeit • Hühnerleber:
5–8 min, unmittelbar vor dem Servieren zubereiten, wenn die restlichen
Beilagen schon fertig sind | Rohnen-
Mohn-Püree:15–20 min | Garzeit der
Rohnen: 60–100 min | Safrancouscous:
5 min – ohne Einweichzeit der Safran-
fäden | Garzeit: 10 min

1. Leber in 1 cm dicke Scheiben schneiden und mit Knoblauch und Chili würzen. Anschließend in der Olivenöl-Butter-Mischung bei mittlerer Hitze auf beiden Seiten anbraten, mit dem Ribiseldicksaft ablöschen und salzen. Die Hühnerleber soll auf jeden Fall innen rosa bleiben. Mit Petersilie bestreut servieren.

2. Für das Rohnen-Mohn-Püree die Rohnen mit dem Kümmel weich kochen – das dauert je nach Größe der Rohnen 1–1 3/4 Stunden. Anschließend die Rohnen schälen, in Stücke schneiden und mit 70 ml Schlagobers, Paprikapulver, Zitronensaft und -schale pürieren. Restliches Schlagobers mit der Maisstärke verrühren, unter das Püree rühren und kurz aufkochen lassen. Püree abschmecken und mit geriebenem Kren verfeinern.

3. Mohnsamen in Mohnöl bei mäßiger Hitze anrösten und über das Püree streuen.

4. Für den Safrancouscous Safranfäden mindestens 10 Minuten in der Gemüsebrühe einweichen. Gemüsebrühe salzen, zum Kochen bringen und über den Couscous gießen. Die Flüssigkeit soll dabei 5 mm über den Couscous reichen. Den Couscous abdecken, 10 Minuten quellen lassen und anschließend die Butter unterrühren. Den Couscous mit einer Gabel auflockern und mit Sprossen bestreut servieren.

Bezugsquelle: Frische Hühnerleber gibt es im gut sortierten Supermarkt und beim Bauern Ihres Vertrauens.

Organisationstipps: Rohnen vorher kochen. • Beim Kauf von gekochten Rohnen, die meist schon geschält sind, reduziert sich die Zubereitungszeit auf 10–15 Minuten.

Tipp: Im Bioladen findet man bereits Couscous aus heimischem Getreide.

PASTEL DE PAPAS
trifft Jägerauflauf

In einem In-Lokal in Buenos Aires wurde mir Pastel de papas als argentinische Spezialität angepriesen. Der Erdäpfelkuchen machte mich neugierig und ich nahm die Empfehlung an. Das Gericht kam in einer Gratinierform – direkt aus dem Ofen auf den Tisch. Schon beim ersten „Löffel" musste ich zur Verwunderung meiner Freunde lautstark lachen: Ich hatte mir einen Jägerauflauf bestellt! Dieses Gericht gibt es in meiner Familie nach einem Spagetti-Bolognese-Tag – die wunderbare Doppelnutzung einer Speise zur Entlastung der Köchin. Hier die österreichisch-argentinische Interpretation!

Für die Fleischsauce

2 große Zwiebeln
1–2 Knoblauchzehen
200 g Karotten
2 EL Olivenöl
Chiliflocken nach Geschmack
1 Lorbeerblatt, eingerissen
300–400 g Faschiertes
1–2 EL Paradeisermark
400 ml pürierte Paradeiser
2–3 EL Sojasauce
2 EL getrocknete Kräuter:
  Oregano, Thymian, Rosmarin
Steinsalz und Pfeffer, im Mörser
  frisch zerstoßen

Für das Erdäpfelpüree

1 kg mehlige Erdäpfel
50–80 ml Schlagobers
Steinsalz
1 Msp. Muskat

Für die Fertigstellung

1 EL Olivenöl
2 Eier, hart gekocht und
  würfelig geschnitten
3–4 EL Bergkäse, gerieben

Zubereitungszeit • Fleischsauce:
30–40 min | Erdäpfelpüree: 20 min
(plus 30 min Garzeit der Erdäpfel) |
Garzeit des Gerichtes: 20 min im vorgeheizten Rohr bei 175 °C

1. Für die Fleischsauce Zwiebeln fein schneiden, auf einen Teller geben und abdecken. Knoblauch fein hacken und zur Seite stellen. Karotten waschen und der Länge nach in 5 mm dicke Scheiben schneiden, die Scheiben wiederum in Streifen und anschließend in Würfel schneiden.

2. Zwiebelstücke in Olivenöl hell anrösten, Knoblauch, Chili und Lorbeerblatt dazugeben und so lange rösten, bis die Zwiebel goldgelb ist. Anschließend das Faschierte dazugeben und rösten, bis es eine hellgraue Farbe bekommt. Paradeisermark hinzufügen und kurz mitrösten. Karotten, pürierte Paradeiser, Sojasauce und Kräuter hinzufügen und alles zusammen 10–15 Minuten leicht kochen lassen. Zum Schluss mit Salz und Pfeffer abschmecken.

3. Für das Erdäpfelpüree Erdäpfel mit der Schale über Dampf kochen – dazu gibt es günstige Einsätze, die in jeden Kochtopf passen. Anschließend die Erdäpfel schälen, vierteln und durch die Erdäpfelpresse in eine Schüssel drücken. Schlagobers und Gewürze dazugeben, gut verrühren und abschließend abschmecken. Das Püree soll eine relativ feste Konsistenz haben.

4. Eine Auflaufform mit Olivenöl ausstreichen, ein Drittel des Erdäpfelpürees auf dem Boden verteilen. Das Ragout darauf verteilen, die Eier darüberstreuen und alles mit dem restlichen Püree abdecken. Abschließend mit geriebenem Käse bestreuen und im auf 175 °C vorgeheizten Rohr bei Oberhitze goldbraun überbacken.

Tipp: Die Investition in eine gute Erdäpfelpresse lohnt sich – das Püree wird feiner und man kommt schneller ans Ziel.

KRAUTSTRUDEL
mit vegetarischen Grammeln und Sprossen-Senf-Dip

Strudel bereite ich besonders gerne zu, wenn mehrere Gäste zu bewirten sind. Der Arbeitsaufwand für einen größeren Strudel ist beinahe gleich wie für einen kleinen. Einmal lud meine erwachsene Tochter sechs Freundinnen zum Mittagessen ein. Da zwei Vegetarierinnen dabei waren, füllte ich eine Hälfte mit vegetarischen Grammeln und die andere mit Schweinegrammeln. Der Krautkopf, den ich frisch aus dem Garten holte, wog 1 1/2 kg. Alle wurden satt und es blieben sogar noch zwei Stücke übrig. ● Die Vegetarierinnen konnten es gar nicht glauben, dass sie „unechte" Grammeln aßen.

Für den Strudelteig

300 g Weizenmehl, Type 700
1–2 EL Bratöl
ca. 125 ml lauwarmes Wasser
1 Prise Steinsalz

Für die Fülle

1 kg geputztes Weißkraut
2 EL Rübenzucker
1 große Zwiebel, fein gehackt
2–3 EL Olivenöl
Steinsalz und Pfeffer, im Mörser
  frisch zerstoßen
Kümmel
ca. 50 ml Gemüsebrühe
1–3 EL Dinkelmehl zum
  Stauben

Für die Grammeln

3 EL Zwiebelschmalz (aus dem
  Bioladen)
2 EL Dinkel- oder Weizenkleie
2 EL feine Haferflocken

Für die Fertigstellung

Bratöl
Mehl
1 Becher Sauerrahm

Für den Sprossen-Senf-Dip

2 EL Mayonnaise
150 ml Sauerrahm
50 ml Joghurt natur,
  3,6 % Fettgehalt
je 1 EL süßer und mittelscharfer
  Senf
3 EL Radieschensprossen
Kräutersalz und Pfeffer, im
  Mörser frisch zerstoßen

Zubereitungszeit • Strudel: 100 min
(davon 45 min Garzeit für das Kraut) |
Backzeit: ca. 40 min | Sprossen-Senf-
Dip: 10 min

1. Für den Strudelteig sämtliche Zutaten mit dem Mixer mit den Knethaken zu einem zähen, glatten Teig verarbeiten – die Wasserbeigabe richtet sich nach der Wasseraufnahmefähigkeit des Mehles. Teig zu einer Kugel formen, die Oberfläche mit Öl bestreichen und ca. 30 Minuten zugedeckt ruhen lassen.

2. Das Backrohr vor der Ausfertigung auf 180 °C vorheizen und ein Backblech mit Öl bestreichen.

3. Für die Fülle Kraut halbieren, den Strunk entfernen und das Kraut mit dem Gemüsehobel fein raspeln. Zucker und Zwiebel in Öl bei mäßiger Temperatur bräunen. Kraut, Salz und Gewürze zugeben, mit etwas Gemüsebrühe aufgießen und weich dünsten, zwischendurch umrühren. Am Ende der Garzeit soll möglichst wenig Flüssigkeit im Topf sein. Das Kraut mit 1–3 EL Mehl stauben und nochmals abschmecken. Kraut vor dem Füllen auskühlen lassen.

4. Für die Grammeln Zwiebelschmalz in einem kleinen Topf zergehen lassen. Mit Kleie und Haferflocken vermengen, sodass kleine Klümpchen entstehen.

5. Strudelteig auf einem bemehlten Tuch mit dem Teigholz leicht ausrollen. Am Rand mit Öl bestreichen und papierdünn zu einem Rechteck ausziehen. Auf der Hälfte des Teiges das Weißkraut vorsichtig verteilen, Sauerrahm mit dem Esslöffel in Form von kleinen Nockerln auf dem Kraut verteilen und die Grammeln darüberstreuen. Die zweite Teighälfte mit Öl beträufeln. Die Seitenteile des Strudels etwas einschlagen, ebenfalls mit Öl beträufeln und den Strudel einrollen. Mittels des Tuches hebt man den Strudel nun so auf ein befettetes Backblech, dass der Rand des Teiges unten zu liegen kommt. Anschließend bestreicht man den Strudel nochmals mit Öl und bäckt bei 175 °C, bis der Strudel eine goldbraune Farbe angenommen hat.

6. Für den Sprossen-Senf-Dip alle Zutaten miteinander verrühren, den Dip abschmecken und zum Strudel servieren.

BUCHWEIZEN-SPECK-DALKEN
mit Wurzelgemüse aus dem Wok

Immer wieder stelle ich fest, dass Kinder jede Art von Teig, der in der Pfanne knusprig gebacken bzw. gebraten wird, lieben. Germ macht die Dalken locker und leicht – ein zusätzliches Plus. In solche Gerichte lassen sich auch Getreidesorten integrieren, die bei Kindern nicht so beliebt, jedoch von großem gesundheitlichem Wert sind. • Ich liebe süßsaure Geschmackskompositionen – falls sie Ihnen nicht zusagen, lassen Sie das Preiselbeerkompott weg.

Für die Buchweizen-Speck-Dalken
130 g Buchweizenmehl
120 g feines Dinkelmehl
20 g Germ
250 ml lauwarme Milch oder Reismilch
2 Eier
50–80 g durchzogener Speck, gewürfelt
1 TL Majoran
Steinsalz
Butterschmalz
Sauerrahm, Preiselbeerkompott und Kresse zum Garnieren

Für das Wurzelgemüse aus dem Wok
750 g Wurzelgemüse: färbige Karotten, Pastinaken, Lauch, etwas Wurzelsellerie, Rüben, Herbstkohlrabi
1–2 Knoblauchzehen
1–2 cm Ingwer
1 Stängel Zitronengras, ohne harte Teile
2 EL Erdnussöl oder Sesamöl
Steinsalz

Zubereitungszeit • Buchweizen-Speck-Dalken: 40 min (ohne Rastzeit) | Wurzelgemüse: 35 min

1. Für die Buchweizen-Speck-Dalken Mehle vermischen, Germ dazubröckeln und zusammen in die lauwarme Milch einrühren. Eidotter untermengen, glattrühren und die Masse 30 Minuten bei Raumtemperatur gehen lassen. Gewürfelten Speck und Majoran unterziehen. Eiklar und Salz zu festem Schnee schlagen und unter den Teig ziehen.

2. Butterschmalz erhitzen, mit dem Esslöffel runde Teigplätzchen einlegen, glattstreichen und auf beiden Seiten goldgelb braten.

3. Die Dalken mit 1 TL Sauerrahm, etwas Preiselbeerkompott und Kresse servieren. Dazu passt Wurzelgemüse aus dem Wok.

4. Für das Wurzelgemüse aus dem Wok das Gemüse in mundgerechte Streifen hobeln. Knoblauch, geschälten Ingwer und Zitronengras fein hacken und unter das geschnittene Gemüse mengen. Den Wok erhitzen, Öl hinzufügen, das Gemüse unter ständigem Umrühren bissfest braten – dabei die ganze Oberfläche des Woks ausnutzen. Achten Sie darauf, dass die Brattemperatur nicht zu hoch ist, das Öl darf nicht zu rauchen beginnen. Das Wokgemüse vor dem Servieren mit Salz abschmecken.

Vegetarische Variante: Speck weglassen.

Gartentipp: Zitronengras wächst in unserem Garten, den Winter verbringt es in einem großen Topf im Haus. Sparsames Beernten lässt der Stock auch im Winter zu.

ERDÄPFELKNÖDEL
mit Topfen-Schwammerl-Fülle und Orangen-Haselnuss-Butter

Knödel werden meist als Beilage zu eher deftigen Speisen serviert. Den flaumig weichen Erdäpfelknödeln verleihen Schwammerlfülle und Nussbutter eine gewisse Eleganz.

Für die Erdäpfelknödel

1 kg Erdäpfel
3 EL Olivenöl
2 Eier, verquirlt
70 g reifer Schnittkäse, gerieben
100 g Dinkelvollkornmehl
100 g feines Dinkelmehl
Muskatblüte, gemahlen
Steinsalz

Für die Topfen-Schwammerl-Fülle

150 g Kräuterseitlinge oder helle, feste Champignons
1 große Zwiebel
2 Knoblauchzehen
1 EL Olivenöl
100 g grober Topfen
100 g reifer Schnittkäse, gerieben – 20 g für die Garnitur zurückbehalten
je 1/2 TL Oregano und Thymian
Steinsalz und Pfeffer, im Mörser frisch zerstoßen
10 Scheiben durchzogener Speck
gehacktes Grün und geriebener Schnittkäse zum Garnieren

Für die Orangen-Haselnuss-Butter

100 g Butter
50 g Haselnüsse, gerieben
Saft und etwas Schale von 1/2 Orange
1 Prise Steinsalz
Orangenscheiben zum Garnieren

Zubereitungszeit • Erdäpfelknödel mit Topfen-Schwammerl-Fülle: 60 min | Orangen-Haselnuss-Butter: 10–15 min

1. Die Erdäpfel über Dampf garen. Währenddessen die Fülle zubereiten. Dazu die Kräuterseitlinge oder Champignons mit einem Tuch abreiben und kleinwürfelig schneiden. Zwiebel und Knoblauch hacken und in Olivenöl anbraten. Schwammerl hinzufügen und so lange rösten, bis keine Flüssigkeit mehr in der Pfanne ist. Unter die ausgekühlte Schwammerlmasse Topfen und geriebenen Käse mischen – dabei 20 g Käse für die Garnitur zurückbehalten – und mit Oregano, Thymian, Salz und Pfeffer abschmecken. Die Speckscheiben halbieren und jeweils 1 TL Fülle mit einem Speckstreifen umhüllen. Die Füllkugeln zur Seite stellen.

2. Die gedämpften Erdäpfel schälen und durch die Erdäpfelpresse drücken. Mit Öl, verquirlten Eiern, geriebenem Käse, Mehl, Muskat und etwas Salz zu einem Teig verarbeiten. Achtung: Den Teig nicht zu lange kneten.

3. Den Teig zu Rollen formen und diese in marillengroße Stücke schneiden. In die Teigstücke ein Loch drücken, eine Kugel Fülle hineindrücken und dann zu einem Knödel formen. Die Knödel in schwach kochendem Salzwasser garen – nach 2 Minuten Ziehen an der Oberfläche sind sie gar.

4. Die Knödel mit gehacktem Grün und geriebenem Schnittkäse garnieren und der Orangen-Haselnuss-Butter servieren.

5. Für die Orangen-Haselnuss-Butter die Butter in einem kleinen Topf leicht bräunen. Die restlichen Zutaten hinzufügen und abschmecken. Orangen-Haselnuss-Butter in ein mit Folie ausgelegtes Schüsserl streichen und kühl stellen. Vor dem Servieren in Scheiben schneiden und mit Orangenscheiben servieren.

Vegetarische Variante: Fülle in ein Blatt Mangold oder Tatsoi wickeln.

Organisationstipp: Orangen-Haselnuss-Butter und Fülle können schon vorher zubereitet werden. Die Zubereitungszeit verkürzt sich nicht wesentlich, aber man kann die Garzeit der Erdäpfel für andere Arbeiten nutzen. Falls Ihnen die Zubereitung der Knödel zu aufwändig ist, können Sie die Fülle verdoppeln oder verdreifachen und zu Gnocchi servieren. Das Formen der Füllkugeln entfällt in diesem Fall, und der Speck wird in Streifen geschnitten.

APFEL-BIRNEN-MOSTCREME
mit Ingwer

1 kleine Zimtstange

3 Nelken

Schale und Saft von 1 Zitrone

500 g säuerliche Äpfel

100 ml Apfelmost
(Alternative: Apfelsaft)

2 Eidotter

30–60 g Rohrübenzucker
(je nach Süße der Äpfel
und des Mostes)

1 TL Agar Agar oder 3 Blatt
Gelatine

30 g kandierter Ingwer,
fein gewürfelt

200 ml Schlagobers

1 Birne

Gänseblümchen zum Garnieren

Zubereitungszeit • 60 min

1. Zuerst mit wenig Wasser einen Gewürzsud aus Zimt, Nelken und Zitronenschale kochen. Die Äpfel – bis auf einen, der zum Garnieren verwendet wird – bei Bedarf schälen, vierteln und die Kerngehäuse entfernen. Apfelviertel in Most und abgeseihtem Gewürzsud weich dünsten. Inzwischen Eidotter und Zucker weißschaumig schlagen und das Agar Agar bzw. die Gelatine in Wasser einweichen: Das Agar Agar zu einem Brei verrühren, die Gelatine sollte mit Wasser bedeckt sein.

2. Die gedünsteten Äpfel pürieren. Agar Agar 2 Minuten kochen, falls es zu dick angerührt wurde, noch etwas Wasser ergänzen, damit man es kochen kann. Agar Agar unter die Apfelmasse rühren. Bei der Verwendung von Gelatine wird die eingeweichte Gelatine ausgedrückt und in das heiße Apfelmus gerührt. Den Eidotterschaum unter das warme Apfelpüree rühren und die Creme im Kühlschrank ruhen lassen.

3. Sobald man mit einem Esslöffel eine „Straße" ziehen kann, wird der fein gewürfelte, kandierte Ingwer untergehoben – dabei werden ein paar Würfel für die Garnierung zurücklassen. Schlagobers steif schlagen und ebenfalls vorsichtig unter die Creme rühren.

4. Die Birne in ganz kleine Stücke schneiden, mit dem Zitronensaft marinieren und sofort abdecken, damit die Stückchen nicht braun werden.

5. Die Creme in Gläsern anrichten – dazu die Gläser halbvoll mit Creme füllen, anschließend eine dünne Schicht marinierte Birnen einfüllen und mit der restlichen Creme auffüllen.

6. Die Creme bis zum Servieren in den Kühlschrank stellen. Zum Garnieren den restlichen Apfel in dünne Scheiben schneiden und diese in Zitronensaft tauchen. Knapp vor dem Servieren die Creme mit Apfelscheiben, Ingwerwürfeln und Gänseblümchen garnieren.

Organisationstipp: Mit der Verwendung von konserviertem Apfelmus (siehe Rezept Seite 49) verkürzt sich die Zubereitungszeit auf die Hälfte. Kochen Sie in diesem Fall das Agar Agar im Apfelmost bzw. lösen Sie die Gelatine im Apfelmost auf. Wenn Sie die Creme in ansprechende Sturzgläser mit Schraubverschluss füllen, hält sich die Creme gekühlt mindestens 4 Tage.

Tipp: Das Apfelmus kann auch aus ungeschälten Äpfeln zubereitet werden. Püriert man die gedünsteten Äpfel in einem leistungsstarken Blender, wird es besonders cremig.

Kindergeschmack: Verwenden Sie Apfelsaft statt Most.

MÄRZ

Die Rezepte im Überblick

„Ein lustiges Leben ohne Essen taugt nichts!", meinte bereits Michel aus Astrid Lindgrens „Michel in der Suppenschüssel" … und wenn wir saisonal leben, möchten wir gut essen und ein lustiges Leben führen. Also ist es gerade in dieser Zeit notwendig, dass wir – nach dem Motto: aus wenig mach viel – gut kochen können, aber auch, dass wir in die Natur hinausgehen, uns umsehen und uns an allen frischen Kräutern und Blüten erfreuen.

- *Grün und bunt: Auf den Wiesen finden wir, je nach Witterung, bereits ausreichend Wildkräuter und Blüten für Salate, Suppen und grüne Smoothies.*

- *Garten: Wir pikieren emsig sich nach der Sonne reckende Jungpflanzen.*

- *Vorratslager leeren: Kulinarisch gesehen befinden wir uns trotz frischer Wiesenkräuter in der ärmsten Zeit des Jahres. Viele Äpfel sind verrunzelt, die Erdäpfel wachsen aus, im Keller befinden sich Getreide und Ladenhüter aus den selbst gemachten Konserven, vielleicht ein paar Nüsse und Bohnen, getrocknete Früchte. Frisches Obst und Gemüse aus dem Garten ist derzeit kaum erhältlich.*

- *Aus wenig mach viel: Wissen vom Kochen, Übung, Organisationstalent, Kreativität und Ideenreichtum helfen uns in diesem Monat, aus wenigen Zutaten das Beste zu kochen. Finden Sie deshalb in diesem Kapitel eine Auswahl an Gerichten, die durch den durchdachten Einsatz von Gewürzen, Trockenfrüchten, Samen und ersten Wildkräutern Ihren Speisezettel im März bereichern werden.*

MAYAFRÜHSTÜCK

Emmerreis, Bohnensauce mit Löwenzahn und Winterposteleinpesto

Für den Emmerreis

250 ml Emmerreis

600 ml Wasser oder leichte Gemüsebrühe

1 EL Butter

Steinsalz

....

Für die Bohnensauce mit Löwenzahn

1–2 Zwiebeln

1–2 EL Erdnuss- oder Sesamöl

1 EL Mehl

Chiliflocken nach Geschmack

400 g Paradeiser, geschält und gehackt

je 1/2 TL Kreuzkümmel und Thymian

Steinsalz und Pfeffer, im Mörser frisch zerstoßen

400 g rote oder braune Bohnen, gekocht

1 Handvoll junge Löwenzahn- blätter, gehackt

....

Für das Winterposteleinpesto

30–50 g Winterpostelein

1 Knoblauchzehe

2 EL blanchierte Mandeln, gehackt und eventuell geröstet

50 ml Mandelöl

50–80 g Joghurt natur, 3.6 % Fettgehalt (Sojajoghurt bei veganer Variante)

1–2 EL Parmesan, gerieben (entfällt bei veganer Variante)

Steinsalz und Pfeffer, im Mörser frisch zerstoßen

Blütenhonig oder Ahornsirup zum Abschmecken

....

Zubereitungszeit • Emmerreis: 50 min (mit Garzeit) | Bohnensauce mit Löwenzahn: 25 min (ohne Garzeit der Bohnen) | Winterposteleinpesto: 15 min

---

Auf meinen Reisen durch Mexiko, Belize, Guatemala und Costa Rica lernte ich das landestypische Frühstück, das im Detail variiert, dessen Hauptbestandteile aber immer Bohnen und Reis sind, zu schätzen. Mit der Einnahme eines solchen Frühstücks ist man den ganzen Tag über angenehm satt, ohne jemals das Gefühl zu haben, den Magen zu belasten. Während meiner Reisen hatte ich kein Verlangen nach Süßem, außer nach Früchten, fühlte mich außerordentlich fit und brauchte sogar weniger Schlaf. Seither gibt es bei uns vor allem vor langen bzw. an- strengenden Aktivitäten ein solches Frühstück. • In Mittelamerika wird dieses Gericht meist mit Avocadocreme serviert. Avocados, die sehr gesund sind und hervorragend schmecken, wachsen bei uns leider nicht. Wir haben diesem Gericht deshalb einen österreichi- schen Touch verliehen: Emmerreis und Winterposteleinpesto statt geschältem Reis und Avocadocreme.

1. Emmerreis waschen und mit Wasser oder Gemüsebrühe aufkochen. Hitze um zwei Drittel reduzieren und den Emmerreis so lange köcheln lassen, bis sich an der Ober- fläche Löcher zeigen und das Kochwasser beinahe vollständig aufgesogen wurde. Reis auf der ausgeschalteten Platte ausdünsten lassen, erst dann Butter hinzufügen, salzen und auflockern.

2. Für die Bohnensauce Zwiebeln hacken und in Öl glasig werden lassen. Mehl und Chiliflocken hinzufügen und kurz mitrösten. Gehackte Paradeiser, Gewürze, Salz und Pfeffer dazugeben, alles gut verrühren und ein paar Minuten verkochen lassen. Die Bohnen unterrühren und die Sauce bei mittlerer Hitze cremig einkochen. Abschließend abschmecken und mit gehackten Löwenzahnblättern bestreuen.

3. Für das Pesto alle gröberen Stiele vom Winter- postelein entfernen, die Blätter hacken und mit Knoblauch und Mandeln im Mixer pürieren. Das Mandelöl langsam dazugeben. Joghurt und Parme- san daruntermischen und das Pesto mit Salz, Pfeffer und Honig oder Ahornsirup abschmecken.

Tipp: Man kann das Pesto mit verschiedenen Asia-Salaten probieren.

Vegane Variante: Verwenden Sie beim Winterpostelein-pesto für die vegane Variante Sojajoghurt statt Joghurt und lassen Sie den Parme-san weg.

ERDÄPFEL-LÖWENZAHN-SALAT
mit gerösteten Haselnüssen

Löwenzahnblätter sind leicht verfügbar, man kann sie sogar reichlich auf öffentlichen Flächen, die abseits vom Verkehr liegen, finden. Unser Gaumen ist den gesunden Bitterstoffen entwöhnt, denn seit vielen Jahren sind Züchter bemüht, sie insbesondere aus Salaten herauszuzüchten. Mit dieser süßlichen Marinade können Sie so manchen (Kinder)Gaumen gewinnen.

Für den Erdäpfel-Löwenzahn-Salat
600 g speckige Erdäpfel
100 g lila Erdäpfel
3 EL Haselnüsse, grob gehackt
200 g Löwenzahnblätter

Für die Marinade
2 EL Apfel-Balsamessig
5 EL Apfelsaft
2 EL Holunderblütensirup
1 TL milder Senf
6 EL Haselnussöl
Steinsalz
1 Prise weißer Pfeffer

Zubereitungszeit • 25 min
(ohne Gar- und Rastzeit der Erdäpfel)

1. Die Erdäpfel mit der Schale dämpfen. Währenddessen für die Marinade alle Zutaten in einem Schraubglas gut verschütteln. Die grob gehackten Haselnüsse in einer Pfanne ohne Fett rösten, bis sie zu duften beginnen. Löwenzahn in maximal 5 cm lange Stücke reißen.

2. Die Erdäpfel schälen, in 5 mm dicke Scheiben schneiden und sofort mit 2/3 der Marinade übergießen. Nach 30 Minuten Ziehen bei Bedarf etwas Wasser hinzufügen. Den Löwenzahn mit der restlichen Marinade übergießen und unter die Erdäpfel mengen. Den Salat abschmecken, die Haselnüsse darüberstreuen und anschließend sofort servieren.

GUISO
Linseneintopf mit Weizer Berglamm

Eintöpfe gibt es nicht nur im winterlichen Europa, überall auf der Welt wärmen sie Körper und Geist. Auch in Südamerika findet man sie von Kolumbien bis Feuerland – in Regionen, die von den vier Jahreszeiten geprägt sind, und auch dort, wo das ganze Jahr über konstante Temperaturen herrschen. • In Argentinien haben besonders zwei Versionen des Guiso Popularität erlangt. Der klassische guiso de lentejas – ein Linsengericht mit Erdäpfeln und Karotten – ist vermutlich über spanische Einwanderer ins Land gekommen. Guiso hat als Merkmal, dass die Zutaten mit Deckel gekocht werden, sodass ein deftiger und geschmackvoller Eintopf entsteht. Durch seine nahrhaften und günstigen Zutaten galt er lange als das Essen der Armen. Heute ist er mit seinen unzählbaren Variationen auf vielen Speisekarten zu finden und Standardgericht der Argentinier in den Wintermonaten. • Locro ist die zweite populäre Variante des Guiso. Seine Zutaten stammen vorwiegend aus dem andinen Raum, wo er auch seinen Ursprung hat. Er besteht u.a. aus Erdäpfeln, Mais, Bohnen, Quinoa, Lamafleisch und im andinen Norden Argentiniens findet man ihn das ganze Jahr über. Als nationales Traditionsgericht wird er landesweit am Tag der Unabhängigkeit, dem 25. Mai, in den Haushalten und Restaurants gekocht. • Unser Guiso kommt mit regionalen Zutaten aus: Linsen werden mittlerweile in Österreich wieder kultiviert und die Lammschulter stammt vom Weizer Berglamm.

Für den Guiso
500 g ausgelöste Lammschulter
300 g Zwiebeln
3 Knoblauchzehen
2 EL Olivenöl
Chilipulver nach Geschmack
ca. 600 ml Gemüsebrühe
4 TL getrocknete Kräuter:
  Rosmarin, Salbei, Oregano,
  Kreuzkümmel
2 Lorbeerblätter
Steinsalz
300 g braune Linsen
100 g geräucherter Speck
250 g Karotten
50 g Wurzelsellerie
2 EL Mehl

....

Für die Brösel
1 Knoblauchzehe, fein gehackt
4 EL Brösel
je 1 EL Olivenöl und Butter
2 EL Grün, gehackt

....

Zubereitungszeit • 45 min |
Garzeit: ca. 90 min

1. Für den Guiso die Lammschulter in 1–2 cm große Würfel schneiden, Zwiebeln und Knoblauch getrennt fein schneiden. Zwiebelwürfel in Olivenöl bei mäßiger Hitze goldgelb anrösten. Knoblauch, Fleisch und Chili hinzufügen und so lange rösten, bis das Fleisch leicht gebräunt ist. Mit einem Teil der Gemüsebrühe angießen, sodass das Fleisch bedeckt ist. Kräuter und Lorbeerblätter hinzufügen, salzen und das Fleisch dünsten, bis es bissfest ist.

2. Die Linsen je nach Sorte einweichen. Speck, Karotten und Sellerie in kleine Würfel schneiden. Speck bei geringer Temperatur in einem weiteren großen Topf anbraten, sodass das Fett langsam austritt. Mehl hinzufügen, kurz durchrösten, dann Fleischsauce, Linsen und Gemüse dazugeben. Mit Gemüsebrühe aufgießen, sodass der Eintopf gut bedeckt ist. Den Eintopf schmoren, bis Linsen, Gemüse und Fleisch gar sind. Den Guiso abschmecken und mit den Bröseln bestreut servieren.

3. Für die Brösel fein gehackten Knoblauch und Brösel in Öl und Butter anrösten, von der Platte ziehen und mit dem gehackten Grün vermengen.

Organisationstipps: Vorkochen ohne Einfrieren: Ein Eintopf lässt sich gut vorbereiten, aufwärmen und wenn nötig für einige Zeit konservieren. Wenn Sie das fertige Gericht heiß in saubere Schraubgläser füllen und im Wasserbad im Rohr bei 90 °C 10 Minuten sterilisieren, hält sich der Eintopf wochenlang gekühlt im Kühlschrank. • Mehr kochen und sich dabei Zeit ersparen: Es lohnt sich durchaus, am Wochenende die doppelte Menge zu kochen. So können Sie bei Zeitmangel während der Woche auf ein eigenes, gesundes Fertiggericht zurückgreifen.

FRÜHLINGSKRÄUTERSUPPE
mit Nusscroûtons

*Seit ich mich erinnern kann, läutet in unserer Familie die Frühlingskräuter-
suppe kulinarischerweise den Frühling ein. Sobald die ersten Kräuter auf der
Wiese zum Vorschein kamen, zog ich mit meinen beiden Kindern zu einem
Spaziergang in der Frühlingssonne los. Schon im Vorschulalter erkannten sie
die gängigsten Wiesenkräuter und wir brachten meist mehr nach Hause, als
wir verkochen konnten. Das gemeinsame Genießen der Suppe glich einer
Zeremonie – ohne Nusscroûtons wäre die Freude jedoch halb so groß gewesen.*

Für die Frühlingskräutersuppe

1 kleine Zwiebel
2 Knoblauchzehen
50 g Butter oder Bio-Margarine
50 g Dinkelvollkornmehl
1 TL Koriander, gemahlen
1 1/2 l Gemüsebrühe
Steinsalz und Pfeffer, im Mörser
  frisch zerstoßen
100 ml Schlagobers
5 EL gehackte Frühlings-
  kräuter: Brennnesselspitzen,
  Vogelmiere, Spitzwegerich,
  Schafgarbe, Giersch, Sauer-
  ampfer, Gänseblümchen …

Für die Nusscroûtons

1–2 EL Butter oder Bio-
  Margarine
80 g Haselnusskerne, gerieben
etwas Zitronenschale
Chilipulver
Steinsalz
4 Scheiben helles Dinkelbrot

Zubereitungszeit • Frühlingskräuter-
suppe: 20 min | Nusscroûtons: 25 min

1. Für die Suppe Zwiebel und Knoblauch getrennt fein
   hacken. Zwiebel in der Butter bzw. Margarine hell
   anschwitzen, Vollkornmehl, Knoblauch und Koriander dazugeben und kurz mitrösten. Mit Gemüsebrühe aufgießen, salzen, pfeffern und 2–3 Minuten
   verkochen lassen. Die Suppe mit Schlagobers verfeinern, abschmecken und unmittelbar vor dem
   Servieren die Kräuter dazugeben.

2. Für die Nusscroûtons die Butter oder Margarine
   zergehen lassen, mit den restlichen Zutaten vermengen und abschmecken. Die Nusspaste auf
   das Brot streichen, dieses im Rohr bei 170 °C
   ca. 10 Minuten überbacken, bis es leicht gebräunt
   ist, und zur Frühlingskräutersuppe reichen.

Vegane Variante: Die Hälfte
der Gemüsebrühe durch
Reis- oder Mandelmilch
ersetzen und Schlagobers
weglassen.

ZWEIERLEI ERDÄPFELSCHNECKEN

*Diese Schnecken avancieren wahrscheinlich bald in der Beliebtheits-
skala ganz oben – passen sie sich doch mühelos den bevorzugten
Geschmacksrichtungen der einzelnen Familienmitglieder an: mal mit
Schinken oder Schafkäse oder doch lieber mit Kürbiskernpesto?*

ERDÄPFELSCHNECKEN MIT GRAMMELN
UND GEBRATENEN TOMATILLOS

Die Heimat der Tomatillos liegt in Mexiko, seit vielen Jahren wachsen sie auch in unserem Garten und bringen Abwechslung in den winterlichen Speiseplan: Trocken gelagert halten sie in der Speisekammer meist bis Ostern.

Für den Teig
1 EL Butterschmalz oder
    Bio-Margarine
220 g Mehl, Type 700
1 EL Selleriepulver oder Peter-
    silienpulver oder Kurkuma
ca. 130 ml warmes Wasser
Butterschmalz zum Heraus-
    backen

Für die Fülle
700 g mehlige Erdäpfel
100 g Topfen
80 g würziger Schnittkäse,
    gerieben
Muskatblüte, gerieben
Steinsalz und Pfeffer, im Mörser
    frisch zerstoßen
3 EL Petersilie, gehackt
120–150 g feine Grammeln

Für die gebratenen Tomatillos
200 g Tomatillos
3 EL Olivenöl
1 EL flüssiger Honig
Steinsalz

Zubereitungszeit • Erdäpfelschnecken
mit Grammeln: 60 min (ohne Rastzeit
des Teiges und ohne Garzeit der Erd-
äpfel) | Tomatillos: 10 min

1. Für den Teig das Butterschmalz bzw. die Margarine zerlassen und mit Mehl, dem Gewürz und warmen Wasser zu einem geschmeidigen Teig verkneten. Den Teig mindestens 20 Minuten rasten lassen.

2. Für die Fülle die Erdäpfel über Dampf kochen, abschälen und durch die Erdäpfelpresse drücken. Topfen, geriebenen Käse, Gewürze und Salz unter die Erdäpfelmasse mengen und abschmecken.

3. Den Teig auf einem bemehlten Strudeltuch 2 mm dick ausrollen. Die Erdäpfelmasse darauf verteilen, sodass auf einer Seite 3–5 cm Rand bleiben – diesen mit etwas Wasser bestreichen. Die Erdäpfelmasse mit gehackter Petersilie und Grammeln bestreuen. Den Teig von der bestrichenen Seite beginnend fest aufrollen und die Rolle mit einem scharfen Messer in gut 1 cm dicke Scheiben schneiden.

4. Jeweils 1 gehäuften EL Butterschmalz in einer Pfanne erhitzen. Die Schnecken portionsweise darin von beiden Seiten goldbraun braten, auf Küchenpapier gut abtropfen lassen und mit den gebratenen Tomatillos servieren.

5. Die Tomatillos aus dem Ballon (Hülle) lösen, waschen und in 5–8 mm dicke Scheiben schneiden. Die Scheiben in Olivenöl auf beiden Seiten 2 Minuten braten, den Honig darüberträufeln, kurz ziehen lassen und abschließend salzen.

Einkaufstipp: Falls Sie in Ihrer Nähe einen Vielfalter-Biobauern kennen, fragen Sie ihn im Herbst nach diesem säuerlichen Gemüse, das wie Paradeiser kultiviert wird. Sie können auch im Bioladen, der von regionalen Biobauern beliefert wird, fündig werden. • Im März gibt es leider keine Alternative zu Tomatillos – im Sommer kann man sie notfalls durch Paradeiser ersetzen.

Tipp: Wer die Schärfe liebt, verfeinert die Tomatillos mit Chili.

Vegetarische Variante: Anstatt der feinen Grammeln können Sie für die Fülle auch die auf Seite 63 beschriebenen vegetarischen Grammeln verwenden.

ERDÄPFELSCHNECKEN MIT MOZZARELLA, GETROCKNETEN PARADEISERN UND APFEL-DATTEL-CHUTNEY

Für den Teig
1 EL Butterschmalz oder
  Bio-Margarine
220 g Mehl, Type 700
1 EL Selleriepulver oder Peter-
  silienpulver oder Kurkuma
ca. 130 ml warmes Wasser
Butterschmalz zum Heraus-
  backen

....

Für die Fülle
100 g Mozzarella
80 g Paradeiser, getrocknet
  und in Öl eingelegt
2 Knoblauchzehen
2 TL Herbes de Provence
3 EL Sonnenblumenkerne,
  geröstet und grob gehackt
2 EL Grün, gehackt

....

Für das Apfel-Dattel-Chutney
250 g Zwiebeln
500 g aromatische Äpfel
60 g getrocknete Datteln
30 g Ingwer
2 EL Öl
4 EL Apfelessig
70 ml Apfelsaft
ca. 30 g Rohrübenzucker
1/2 TL Koriander, gemahlen
Steinsalz und Pfeffer, im
  Mörser frisch zerstoßen

....

Zubereitungszeit • Erdäpfelschnecken
mit Mozzarella und getrockneten
Paradeisern: 60 min (ohne Rastzeit
des Teiges und ohne Garzeit der Erd-
äpfel) | Apfel-Dattel-Chutney: 45 min

1. Die Zubereitung des Teiges, der Erdäpfelgrundfülle (eventuell ohne Muskatblüte) und die Zubereitung der Erdäpfelschnecken erfolgen wie im vorhergehenden Rezept.

2. Für die Fülle Mozzarella in feine Scheiben schneiden, die getrockneten und in Öl eingelegten Paradeiser in Stücke schneiden und Knoblauch fein hacken. Anschließend mit den restlichen Zutaten auf der Erdäpfelmasse gleichmäßig verteilen und die Erdäpfelschnecken wie im vorhergehenden Rezept beschrieben fertigstellen.

3. Für das Chutney Zwiebeln in dünne Streifen schneiden und Äpfel schälen, vierteln, entkernen und in Scheiben schneiden. Datteln in kleine Stücke schneiden und Ingwer fein reiben. Zwiebelstreifen in Öl glasig dünsten, Äpfel hinzufügen und kurz mitdünsten.

4. Alle weiteren Zutaten unterrühren und aufkochen lassen. Das Chutney offen und bei mittlerer Hitze 20 Minuten unter häufigem Rühren dicklich einkochen lassen und vor dem Servieren mit Salz und Pfeffer abschmecken.

Organisationstipp: Das Chutney kann man in einer größeren Menge herstellen und wie Apfelmus heiß in Gläser mit Schraubverschluss füllen und sterilisieren (siehe Rezept Seite 49).

TOPINAMBURTARTE
mit Wildkräutern

Eine Tarte bietet eine wunderbare Gelegenheit, Reste von Milchprodukten, Käse, Gemüse, Schinken oder Wurst zu verwerten. Je geübter Sie sind, desto erfinderischer werden Sie. • Gleichzeitig lässt sich das Gericht sehr gut vorbereiten. Den Teig am Vorabend kneten, locker in Folie wickeln, das Gemüse bissfest garen und beides im Kühlschrank lagern. Auch Wildkräuter halten in einem Glas, wenn sie zuvor gewaschen wurden, einige Tage im Kühlschrank.

Für den Teig

70–80 ml kalte Milch oder
  vegane Milch
1 TL Rohrübenzucker
20 g Germ
120 g Butter
120 g Dinkelvollkornmehl
130 g feines Dinkelmehl
1 Msp. Steinsalz
1 Ei

Für die Fülle

350 g Topinambur, geschält
200 g Erdäpfel, geschält
150 g Karotten
Steinsalz
1 Zwiebel
2 Knoblauchzehen
2 EL Olivenöl
1 TL schwarze Senfkörner
150 g Schafkäse
2 Eier
150 ml Sauerrahm
50 ml Schlagobers
1 TL Quendel
  (Ersatz: Thymian)
Olivenöl zum Ausstreichen
  der Form
optional: Pfeffer, im
  Mörser frisch zerstoßen
2 EL würziger Käse, gerieben
1 Handvoll Wildkräuter,
  grob gehackt

Zubereitungszeit • 45 min | Garzeit im
Rohr: 30–40 min

1. Für den Teig kalte Milch, Zucker und Germ in einem Häferl verrühren.

2. Auf einem Brett Butter, Mehle und Salz abbröseln, eine Grube machen, Ei und Germmilch zugeben, den Teig kurz verkneten und 30 Minuten kühl rasten lassen.

3. Für die Fülle das Wurzelgemüse würfelig schneiden und über Dampf bissfest garen, anschließend gut abtropfen lassen, salzen und zur Seite stellen. Zwiebel halbieren und in feine Ringe schneiden, Knoblauch fein hacken. Zwiebelringe in Öl bei mäßiger Hitze hell anrösten, Knoblauch und Senfkörner hinzufügen und weiterrösten, bis sich das Aroma entfaltet hat – der Knoblauch darf auf keinen Fall braun werden. Anschließend die Zwiebelmischung zur Seite stellen.

4. Schafkäse in Würfel schneiden. Eier, Sauerrahm, Schlagobers, Quendel und etwas Salz verquirlen.

5. Eine ofenfeste Form mit Olivenöl ausstreichen. Den Teig 1/2 cm dick ausrollen und die Form damit auskleiden. Überschüssiger Teig wird am Rand eingeschlagen bzw. in Streifen über die fertige Tarte gelegt. Das Gemüse auf dem Teig verteilen und salzen – nach Wunsch auch etwas pfeffern. Dann zuerst die Zwiebelmischung darauf verteilen und anschließend den Eier-Sauerrahm-Guss. Mit dem überstehenden Teig wie zuvor beschrieben verfahren.

6. Die Tarte im Rohr bei 170 °C backen, nach 15 Minuten den geriebenen Käse darüberstreuen und fertig backen. Die Tarte mit Wildkräutern bestreut servieren.

Tipp: Bereiten Sie aus der Hälfte des Teiges und der halben Fülle eine Tarte für zwei Personen zu und verwenden Sie den restlichen Teig für einen Mini-Apfelstrudel.

RÜBENVIELFALT AUS DEM OFEN
mit gratiniertem Erdäpfelpüree

*Mit diesem Gericht genießen Sie gesunde Kohlenhydrate, die Körper und Seele wärmen. •
Während des Schmorens tritt der Saft des Wurzelgemüses aus, karamellisiert und ergibt mit dem
Olivenöl und den Kräutern einen aromatischen, süßlichen Geschmack. Achten Sie darauf, dass
der Boden der Bratform immer mit Flüssigkeit bedeckt ist, damit der Saft nicht verbrennt.*

Für die Rübenvielfalt

750 g gemischtes Wurzel-
gemüse: bunte Karotten
und Rohnen, Pastinaken,
wenig Wurzelsellerie
3 Zwiebeln
1 Knolle Knoblauch
3–5 Lorbeerblätter
mind. 25 ml Olivenöl
grobes Steinsalz
Thymian und Rosmarin
Pfeffer, im Mörser frisch
zerstoßen
optional zum Bestreuen:
3 EL gekochter Buchweizen
oder 2 EL Sesam

Für das Püree

1 kg mehlige Erdäpfel
2–3 Eiklar
50 g Butter
Steinsalz
1 Msp. Muskatnuss, gerieben
Butter zum Ausstreichen der
Form
optional: 3 EL geriebener Käse
2 EL Grün zum Bestreuen

Zubereitungszeit • Rübenvielfalt:
20 min | Garzeit im Rohr: 50 min |
Erdäpfelpüree: 20 min | Dämpfzeit
der Erdäpfel: 30 min | Garzeit im
Rohr: 10 min

1. Das Rohr auf 170 °C vorheizen. Das Gemüse mit
der Gemüsebürste gut waschen und samt Schale
der Länge nach in 1–2 cm dicke Spalten schneiden.
Zwiebeln schälen und vierteln, die Knoblauchknolle
samt Schale quer durchschneiden.

2. Das Gemüse (ohne Pastinaken), Zwiebeln, Knoblauch
und Lorbeerblätter mit 2/3 des Olivenöls in einer großen
Ofenform vermischen, mit Salz bestreuen und ins Rohr
stellen. Nach 15 Minuten die Pastinaken, Kräuter, Pfeffer und das restliche Öl dazugeben, alles vermischen
und im Rohr garen, bis das Gemüse weich ist.

3. Das Gemüse zwischendurch mit einem Küchenfreund
einmal wenden und bei Bedarf etwas Wasser angießen.

4. Nach Wunsch 5 Minuten vor Garende gekochten Buchweizen oder Sesam über das Gemüse streuen. Vor
dem Servieren eventuell nachsalzen und pfeffern.

5. Für das Püree Erdäpfel mit der Schale über Dampf
garen, schälen und durch die Erdäpfelpresse drücken.
Eiklar steif schlagen. Butter, Salz, Muskat und die
gewählte Variationszutat darunterrühren und abschmecken. Dann den steif geschlagenen Eischnee
unterheben und die Masse in eine mit Butter ausgestrichene Ofenform füllen.

6. Das Püree nach Wunsch mit Käse bestreuen und im
Rohr bei 180 °C ca. 10 Minuten überbacken. Sie können
das Püree auch die letzten 15 Minuten mit dem Rüben-
gemüse gemeinsam im Rohr backen. Mit Grün bestreut
servieren.

**Organisationstipp für den
karamellisierten Knoblauch:**
Wegen 10 Knoblauchzehen
schaltet man das Rohr keine
Stunde ein. Man röstet sie
deshalb bei passender Ge-
legenheit mit einem anderen
Gericht mit und bewahrt sie
in einem geschlossenen Glas
im Kühlschrank auf – sie
halten sich so ein paar Tage.

**Variationszutaten für
das Erdäpfelpüree:**
◦ 3–4 EL Kren, gerieben
◦ ein paar Löffel Karotten-
oder Rohnensaft
◦ karamellisierter Knob-
lauch: Dazu 10 Knoblauch-
zehen im Rohr bei 150 °C
ca. 1 Stunde rösten, bis
die Knoblauchzehen weich
und karamellisiert sind.
◦ 3–4 EL Maiskörner,
gekocht
◦ 3 EL gehackte Petersilie,
gemischt mit gemahlenem
Koriander

APFELTIRAMISU
mit Kürbiskernkrokant

Der Winter neigt sich dem Ende zu, somit auch unser Apfelvorrat. Freuen Sie sich auf unser letztes Apfelrezept in dieser Saison. Da wir von den Früchten unseres Gartens wunderbar leben, gibt es während des Winters hauptsächlich Kreationen mit Äpfeln – die Abwechslung liegt in der vielfältigen Zubereitung.

Für ca. 10 Portionen

Für 850 ml Apfelmus
(siehe Schichtcremerezept
 Seite 49)

Für das Biskuit
6 Eidotter
120 g Rohrübenzucker
30 ml Wasser
2 TL Vanillezucker
etwas Zitronenschale, gerieben
6 Eiklar
80 g Dinkelvollkornmehl
100 g feines Dinkelmehl,
 Type 700
1 EL zerlassene, lauwarme
 Butter

Für die Creme
200 ml Schlagobers
500 ml Joghurt natur,
 3.6 % Fettgehalt
150 ml Sauerrahm
2 TL Bourbon-Vanillezucker
Honig nach Geschmack
etwas Zitronensaft

Für den Kürbiskernkrokant
100 g Kürbiskerne
100 g Kristallzucker

Zubereitungszeit • Biskuit: 40 min
(inkl. Backzeit) | Creme: 10 min |
Apfelmus: 30–45 min | Ausfertigung:
15–30 min (je nach Wahl der Servier-
form)

1. Das Tiramisu besteht aus folgenden Schichten: Biskuitstangerl, Apfelmus, Creme, Biskuitstangerl, Apfelmus, Creme, Kürbiskernkrokant. Das Tiramisu kann in dieser Reihenfolge sowohl in eine große Form als auch in einzelne Gläser geschichtet werden.

2. Für das Biskuit die Eidotter mit 40 g Zucker, 30 ml Wasser, Vanillezucker und etwas Zitronenschale schaumig schlagen. Eiklar mit restlichem Zucker zu schmierig-steifem Schnee schlagen. Eidotter mit Schnee vorsichtig vermengen, die Mehle darüber-sieben und mit der zerlassenen Butter unter den Teig heben.

3. Den Teig auf ein mit Backpapier ausgelegtes Back-blech streichen. Im vorgeheizten Backrohr bei 170 °C 15–20 Minuten goldbraun backen.

4. Das ausgekühlte Biskuit in schmale, ca. 1 cm breite Stangerln schneiden. Das Biskuit reicht für 2 Massen Apfeltiramisu.

5. Für die Creme Schlagobers steif schlagen. Joghurt, Sauerrahm, Vanillezucker, Honig und Zitronensaft mit dem Schneebesen verrühren, abschließend das geschlagene Obers unterheben.

6. Für den Kürbiskernkrokant Kürbiskerne in der Pfanne trocken rösten und auf einen Teller geben. Zucker in der gleichen Pfanne hell karamellisieren, die Kürbis-kerne hinzufügen und die Masse auf einem leicht beölten Backblech auskühlen lassen. Dann mit dem Messer fein hacken. Der Krokant reicht für 2 Massen Apfeltiramisu und hält sich in einem gut verschlosse-nen Glas einige Wochen – wenn er nicht zuvor von Naschkatzen entdeckt wird.

Organisationstipp: Bei Bis-kuit und Kürbiskernkrokant finden Sie die doppelte Mengenangabe. Das Biskuit lässt sich in kleine Stücke (2 × 2 cm) geschnitten gut trocknen und hält bei kühler Lagerung in einem Glas bis zu einigen Wochen. Das Gleiche gilt für den Kürbis-kernkrokant. Und falls Sie Apfelmus auf Vorrat pro-duziert haben, ist eine wei-tere Schichtcreme in kurzer Zeit fertig.

APRIL

Die Rezepte im Überblick

Erblühen, aufblühen und sprießen: Neues Leben erwacht, streckt sich und breitet sich aus.

März und April, die Frühfrühlingsbrüder ähneln sich zwar zu Beginn und am Ende selten, kulinarisch gesehen sind sie sich aber zumindest in der Mitte sehr ähnlich. In hohen Berglagen oder schattigen Tälern kann der Winter natürlich auch noch zwei Wochen länger dem Frühling hinterherhinken.

Neuheiten sind mitunter: Rhabarber, Spinat und Mangold, Radieschen, Frühlingszwiebel, Petersilie und andere Kräuter, Blüten, erste Salate wie Rucola, Grazer Krauthäuptel oder Spinat. Bei rechtzeitiger Pflanzung unter dem Vlies bzw. im ungeheizten Tunnel ernten wir mitunter schon Kohlrabi.

Bei guter Wärme sorgt nun Rhabarber für eine herrliche Nachspeise, die uns die Zeit bis zu den ersten Erdbeeren und Himbeeren verkürzt. Wir präsentieren Ihnen in diesem Kapitel einen köstlichen Rhabarberstrudel, der sich zum Sonntagskaffee wie für viele andere Anlässe anbietet.

FISCHSUPPE

Fische aus Wildfang oder nachhaltiger Zucht müssen wir für unsere Kurse vorbestellen. Da wir meist Filets brauchen, fallen als Nebenprodukt Karkassen (Fischreste) an, aus denen wir einen Fischfond herstellen. Oft findet er seine Weiterverwendung in der Misosuppe (siehe Rezept Seite 249) – in diesem Fall in einer reichhaltigen Fischsuppe.

mind. 1 kg Karkassen
5 Frühlingszwiebeln
150 g Suppengemüse (Lauch, Petersilie, Wurzelsellerie)
3 Knoblauchzehen
3 EL Olivenöl
2 EL Paradeisermark
200 ml trockener Weißwein
150 g gelbe und orange Karotten
1/2 TL Pfefferkörner
1/2 TL Fenchelsamen
1 TL Koriandersamen
2 Lorbeerblätter
3 Zweige Zitronenthymian
Steinsalz
1,2 l Wasser
500 g Fischfilet aus heimischer, nachhaltiger Zucht
gehackte Petersilie zum Garnieren

....

Zubereitungszeit • 60 min (inkl. Gar- und Wässerungszeit)

1. Die Fischköpfe 30 Minuten wässern, die restlichen Fischabschnitte waschen und mit den Köpfen gut abtropfen lassen.

2. Zwiebeln und Suppengemüse in grobe Würfel schneiden und mit Knoblauch in Olivenöl hell anrösten. Anschließend das Paradeisermark zugeben, kurz rösten, dann die Karkassen hinzufügen und mit Weißwein ablöschen. Die Flüssigkeit ein paar Minuten verkochen lassen. Grüne Teile der Karotten wegschneiden und im Ganzen mit den Gewürzen und Salz zu den Karkassen geben. Mit dem Wasser aufgießen. Den Fischfond ca. 20 Minuten leicht köcheln lassen, zwischendurch den Schaum abschöpfen.

3. Den Fond durch ein feines Sieb gießen, die Karotten zur Seite geben, der Länge nach vierteln und in Scheiben schneiden.

4. Die Fischfilets entgräten, enthäuten und in mundgerechte Stücke schneiden. Die Fischstücke zur Suppe geben und 5 Minuten knapp unter dem Siedepunkt garen lassen. Die Karottenstücke zur Suppe geben, die Suppe abschmecken und mit Petersilie bestreut servieren.

Organisationstipp: Die Suppe lässt sich gut am Vortag vorbereiten, lassen Sie die Fischfilets jedoch erst vor dem Servieren 5 Minuten in der Suppe ziehen.

FRÜHLINGSSALAT
mit Hanföldressing und Gewürzsalz

In diesem Salat vereinen sich verschiedene Geschmacks-komponenten: die Süße des Apfelsaftes, das nussige, leicht bittere Aroma des Hanföls und die Schärfe von Chili.

Für den Frühlingssalat
150 g kleine, trockene Bohnen
  nach Wahl
250 g grüner Spargel
150 g Radieschen
etwas Vogelmiere
150 g junge Spinatblätter,
  auch gemischt mit Pflücksalat

Für das Hanföldressing
200 ml Apfelsaft
4–5 EL Hanföl
1 TL Senf
2 EL Apfel-Balsamessig
Steinsalz

Für das Gewürzsalz
2 EL schwarzer Sesam
2 EL Mohnsamen
1/3 TL Chilipulver
Steinsalz

Zubereitungszeit • 30–40 min (ohne Quell- und Kochzeit der Bohnen)

1. Die Bohnen für den Salat in mindestens 1 l Wasser 10 Stunden quellen lassen. Anschließend das Wasser abgießen und die Bohnen in reichlich frischem Wasser zum Kochen bringen. Den sich zu Beginn absetzenden Schaum abschöpfen. Die Kochdauer beträgt 45–60 Minuten. Durch die Zugabe von 2 Msp. Natron kann man sie verkürzen.

2. Die unteren holzigen Teile des Spargels wegschneiden, den Spargel eventuell am unteren Ende schälen, anschließend der Länge nach halbieren oder dritteln und über Dampf bissfest garen. Kurz mit kaltem Wasser abschrecken, damit er seine Farbe behält.

3. Radieschen in Scheiben schneiden. Vogelmiere in kleine Stücke reißen. Spinatblätter bei Bedarf ebenfalls in Stücke reißen.

4. Für das Dressing den Apfelsaft zum Kochen bringen und auf die Hälfte des Volumens einkochen. Nach kurzem Überkühlen mit Öl, Senf, Essig und Salz in einem Schraubglas verschütteln.

5. Für das Gewürzsalz Samen, Chilipulver und etwas Steinsalz in einer Pfanne ohne Zugabe von Öl bei mäßiger Temperatur 2–3 Minuten rösten.

6. Bohnen, Spargel, Radieschen, Vogelmiere und Spinat in einer Schüssel vermengen, mit dem Dressing übergießen, durchmischen und mit dem Gewürzsalz bestreuen.

HIRSEPUFFER
mit Brennnesselspinat

Die Puffer verlangen nach einer cremigen Sauce zum Eintunken –
im Brennnesselspinat haben wir den idealen Begleiter gefunden.

Für die Hirsepuffer

2 Tassen Hirse
3 1/2 Tassen gewässerte
  Milch oder Dinkelmilch
Steinsalz
1/3 TL Harissa (Ersatz: Chiliflocken)
1 TL gekörnte Suppenwürze
1–2 Zwiebeln
2 Knoblauchzehen
2 EL Kräuter: Oregano,
  Thymian, Estragon, Schnittknoblauch
2 EL Blattgemüse: Spinat,
  Pak Choi, Blutampfer
1 großer Erdapfel
150 g färbige Karotten
1 EL Buchweizen- oder Reismehl
2 EL Lupinen- oder 1 EL Pfeil-
  wurzmehl
2 Eier
100 g Rohschinken und/oder
  100 g Mozzarella, gewürfelt
Butterschmalz

....

Für den Brennnesselspinat

250 g Brennnesselspitzen
ca. 250 ml Wasser
1 Zwiebel
2 Knoblauchzehen
2 EL Olivenöl
20 g Dinkelvollkornmehl
  (glutenfrei: 8 g Maisstärke)
80–100 ml Schlagobers
1 TL gekörnte Suppenwürze
Muskat, gerieben
Steinsalz und Pfeffer, im Mörser
  frisch zerstoßen

....

Zubereitungszeit • Hirsepuffer:
50–60 min (inkl. Garzeit der Hirse-
masse) | Brennnesselspinat: 25 min

1. Für die Hirsepuffer die Hirse zunächst zur Entbitterung mit heißem Wasser übergießen und abseihen. Die gewässerte Milch oder Dinkelmilch mit Salz,
Harissa und Suppenwürze aufkochen. Hirse einrühren, aufkochen, 5 Minuten köcheln und anschließend
10 Minuten auf der ausgeschalteten Platte ausquellen
lassen.

2. Währenddessen Zwiebeln, Knoblauch, Kräuter und
Blattgemüse fein hacken. Den Erdapfel schälen und
mit den Karotten fein reiben. Mehle vermengen. Alle
Zutaten inklusive der Eier sowie gewürfelten Roh-
schinken und/oder Mozzarella unter die warme Hirse-
masse rühren und abschmecken. In jeweils 1 EL
Butterschmalz portionsweise flache Puffer mit einem
Durchmesser von maximal 9 cm herausbraten.

3. Für den Brennnesselspinat die Brennnesselspitzen
2 Minuten im Wasser blanchieren, anschließend mit
der Flüssigkeit zur Seite stellen.

4. Zwiebel und Knoblauch getrennt fein hacken. Zwiebel in Öl goldbraun rösten, Knoblauch kurz mitrösten,
dann das Mehl bzw. die Maisstärke dazugeben und
unter Rühren mit dem Schneebesen etwas Farbe
annehmen lassen. Mit dem Brennnesselwasser aufgießen und die Einbrenn kurz verkochen lassen.
Schlagobers, Gewürze und Salz daruntermengen.
Den Spinat abschmecken und vor dem Servieren mit
dem Mixstab pürieren und schaumig aufschlagen.

Organisationstipp: Die
Hirsemasse lässt sich gut
vorbereiten.

Vegane Variante: Ersetzen
Sie beim Brennnesselspinat
das Wasser durch Mandel-
milch und das Obers durch
1 EL Mandelmus.

Tipps: Ein fein passierter
Brennnesselspinat nimmt
es geschmacklich mit jedem
Cremespinat auf – übertrifft
ihn jedoch weit bezüglich
Effizienz in Bezug auf einen
körperlichen Frühjahrsputz.
Wichtig ist, dass Sie die
jungen Blätter ernten. Jeder
Garten profitiert von einem
Stück unberührter Natur,
das u.a. den Igeln als Rück-
zugsgebiet dient. Dort findet
sich ein idealer Platz für die
Brennnesseln. • Wenn man
bei der Hirsemasse die
Suppenwürze durch Vanille
ersetzt und das Pikante
weglässt, kann man durch
Zugabe von Kokosflocken,
Trockenfrüchten oder
Nüssen süße Hirsepuffer
kreieren.

ÜBER HERRN GEIREGGER
Biobauer-Sein, Vielfalt und seine Milliarden Mitarbeiter im wunderschönen Waisenegg

Herr Geiregger ist seit 1990 Biobauer und liefert der Kochschule Grünes Zebra Getreide (Roggen, Weizen, Hafer, Rollgerste, Dinkel, Hirse, Buchweizen), Milch, Gewürze, Rapsöl und Erdäpfel. Er lebt mit seiner Familie in Waisenegg in der Steiermark, abseits von starkem Verkehr und Großstadttrubel. Derzeit baut Herr Geiregger zum Beispiel Oberkärntner Roggen oder Johannesroggen an. Letzterer wird bis zu 2,3 Meter hoch. In einem Gespräch mit ihm haben wir ihn zu seinem Leben als Biobauer befragt.

Herr Geiregger, seit wann achten Sie als Biobauer auf Sortenvielfalt beim Anbau und warum ist Ihnen die Vielfalt wichtig?
Seit Beginn meiner Tätigkeit als Biolandwirt baue ich langsam und kontinuierlich immer mehr Getreidesorten an. Dabei sind wir als Familie immer von unserem Bedarf ausgegangen. Was übrig bleibt, wird verkauft.

Bei der Sortenvielfalt geht es mir einerseits um die Erhaltung der Sorten, andererseits haben diese alten Sorten viel mehr Inhaltsstoffe als die überzüchteten Sorten. Sie sind alle winterhart, robust und es sind weder Beizmittel noch sonstige Chemie nötig, um diese anzubauen. Auch die Backfähigkeit ist bei diesen Getreidesorten sehr gut und das ist uns wichtig, denn wir backen unser Brot selber. Ein weiterer Vorteil der alten Sorten ist, dass diese viel Stroh abgeben. Unsere Tiere (Rinder, Ziegen, Geflügel) fühlen sich sehr wohl, wenn wir ihnen ein schönes „Nest" mit Stroh auslegen. Dadurch bleiben sie gesünder und wir können auf den Tierarzt verzichten. Es ist mir wichtig, dass in meinen landwirtschaftlichen Kreislauf keine Fremdstoffe einfließen. So ist das Stroh zum Beispiel sehr bedeutend. Würde es mir ausgehen, müsste ich es zukaufen. Manchmal gibt es kein Bio-Stroh. Dann muss man (natürlich unter Meldung an die Kontrollstelle) herkömmliches Stroh zukaufen. Am besten kauft man dann das Stroh der Gerste, weil dieses meist nicht mit Halmverkürzern gespritzt ist. Das andere Stroh ist aber mit Halmverkürzern behandelt. Bringe ich es über das Düngen mit Kompost von meinen Tieren in den Boden, so wirkt es dort ein. Auf Feldern in der näheren Umgebung wurde über Jahre hinweg mit Halmverkürzern gearbeitet. Nun wächst auch die Wiese in diesen Gebieten nicht mehr hoch, obwohl die Bauern dort bereits seit einigen Jahren kein Stroh dieser Art (über die Gülle) ausbringen.

Alles hängt zusammen und so hat eben auch das Stroh seine Bedeutung.
Eine Handvoll Erde eines gesunden Ackerbodens enthält mehr Lebewesen als Menschen auf der Welt leben, nämlich rund 8 Milliarden Lebewesen. Gesunde Böden sind unglaublich wichtig. Jeder Einfluss durch schwere Maschinen, künstliche Düngemittel und Spritzmittel ist ein gravierender Eingriff in den großen Naturkreislauf.

Warum finden Sie, ist es so wichtig, saisonal einzukaufen?
Wir Bauern müssen weniger lagern oder verarbeiten, wenn die Menschen saisonal leben. Essen sie das ganze Jahr über Erdbeeren, haben sie in der richtigen Saison nicht mehr so viel Gusto auf Erdbeeren, weil es nichts Besonderes ist. So ist es auch mit anderen Lebensmitteln. Dazu kommt, dass unser Körper in jeder Jahreszeit andere Lebensmittel verlangt. Erdbeeren sind nun einmal im Winter nichts für uns, ebenso wenig wie Südfrüchte. Diese kühlen unseren Körper ab. Das brauchen wir im Winter nicht.

Sehen Sie Trends bei Ihren Kunden, was den Einkauf von Getreide und anderen Produkten betrifft?
Die Menschen bekommen immer mehr Allergien. So bekommen Buchweizen und Dinkel mehr Bedeutung, Weizen wird weniger gefragt. Ein

weiterer Trend geht vom Kernöl hin zum Rapsöl. Dieses ist nicht nur günstiger, es enthält neben der Omega-6-Fettsäure, welche sich im Kernöl befindet, auch Omega-3-Fettsäure. Diese ist zum Beispiel gut für die Durchblutung. Hanf, eine sehr wertvolle Pflanze, wird leider noch wenig nachgefragt, so baue ich sie derzeit nicht an.

Insgesamt wollen die Kunden immer mehr Bioprodukte kaufen. Leider werden dabei die Biobauern nicht mehr, sondern eher weniger.

Das ist wirklich schade, finden wir vom „Grünen Zebra". Vielleicht bräuchte es einen Aufruf, um unsere Förderpolitik bzw. Anreize für Biobauern zu überdenken. Zunächst aber einmal zum Thema frische Milch und konventionelle Verarbeitung …
Milch ist wertvoll, wenn wir sie unbehandelt verwenden. Durch das Erhitzen bzw. Hocherhitzen, das Haltbarmachen (Pasteurisieren) wird sie tot. Das gilt auch für Bio-Milch.

Karl Geiregger beachtet jedes Detail auf seinem Hof und versucht durch sein Verhalten, stets das Beste für Natur und Mensch zu fördern. So achtet er bei seinen Tieren auch besonders auf gesundes Futter. Sein Stall lädt auch uns nahezu ein, uns darin niederzulassen, gleicht er doch mehr einem Stroh- oder Heubett als den oft bekannten „nackten" Ställen.
Bei mir muss ein Feld „blühen", der Klee wird erst nach der Blüte gemäht und nicht – wie üblich – eher. Das ist wichtig für die Insekten, aber auch für die Qualität des Heus. Sicher geben meine Kühe weniger Milch als so manch andere mit Kraftfutter gefütterten Tiere. Aber dann muss ich halt zwei Kühe mehr halten. Zudem leben meine Kühe länger und ich benötige keinen Tierarzt. Ich habe auch selber einen Stier, künstliche Besamung ist nicht nötig. Meine Tiere sind alle sehr robust.

Ah ja, und dann wäre da noch die Auswahl des Salzes. Auch auf das kommt es mir an. Meine Tiere bekommen Lecksteine vom Karpatensalz. Ich schreibe auch einen Teil ihrer guten Gesundheit der guten Qualität dieses Salzes zu. Handelsübliches Kochsalz (Natriumchlorid) ist für die Tiere Gift.

Welche Botschaft möchten Sie Ihren Kunden auf den Weg mitgeben?
Eine eigene Mühle zu Hause zu haben, ist sehr wertvoll. Jedes Getreide kann ich mir mit einer Mühle selber frisch mahlen und darauf kommt es auch an. Frisch gemahlenes Mehl enthält viel mehr Inhaltsstoffe als lange gelagertes Mehl. Ja und dann ist es auch nicht nötig, Mehl haltbar zu machen. Der Nachteil von vollwertigem Mehl ist ja, dass es nicht so lange haltbar ist. An das sollte man auch denken, wenn man Mehl im Supermarkt kauft. Wie kann es sein, dass dieses Mehl so lange hält? Sein eigenes Mehl zu mahlen ist zudem ein tolles Gefühl. Wenn man daraus die köstlichsten Speisen und Brot herstellt, ist das wirklich eine Freude.

LINSENLAIBCHEN
mit Spargelmayonnaise

Nun möchten wir Ihnen ein Grundrezept für vegane Laibchen mit Hülsenfrüchten vorstellen. Die Linsen lassen sich durch verschiedene Bohnensorten ersetzen, die Hirse durch Getreidereste vom Vortag. Im Sommer verleihen frischer Paprika oder Melanzani mit Basilikum einen mediterranen Touch.

Für die Linsenlaibchen

200 g Linsen nach Wahl
1–2 EL Paprikawürfel,
  getrocknet (Herstellung
  siehe Rezept Seite 185)
2 EL Leinsamen, geschrotet
1/3 Tasse feine Haferflocken
  (glutenfrei: Hirseflocken)
warme vegane Milch zum
  Einweichen der Flocken
1 große Zwiebel
2 Knoblauchzehen
1 EL Olivenöl
1 TL Koriander, im Mörser
  grob zerstoßen
1/2 Tasse gekochte Hirse
  (in Gemüsebrühe)
1 EL Lupinenmehl
Chili nach Geschmack
2 TL Kräuter, gehackt:
  Oregano, Estragon,
  Petersilie, Koriander …
1 TL Senf
Olivenöl oder Sesamöl zum
  Braten

Für die Spargelmayonnaise

500 g weißer oder grüner
  Spargel
1 Eigelb
1/2 TL Senf
ca. 125 ml kalt gepresstes Öl
  (ohne vorstechenden Eigen-
  geschmack)
2–3 EL Joghurt natur,
  3.6 % Fettgehalt
2 EL Sauerrahm
2 EL Schnittlauch,
  fein geschnitten
Steinsalz

Zubereitungszeit • Linsenlaibchen:
45–60 min – je nach gewählter
Backart (Backrohr oder Pfanne) |
Spargelmayonnaise: 45 min

1. Linsen je nach Sorte einweichen und kochen – sie können noch einen leichten Biss haben. Die getrockneten Paprikawürfel mit 2 EL heißem Wasser, die Leinsamen mit 3 EL kaltem Wasser übergießen. Die Flocken in der erwärmten Milch einweichen, sodass die ganze Flüssigkeit aufgesogen wird.

2. Zwiebel und Knoblauch getrennt fein schneiden. Öl in einer Pfanne erhitzen, den Koriander darin rösten, bis er zu duften beginnt. Zwiebel hinzufügen und goldgelb anrösten, den Knoblauch 1 Minute mitrösten.

3. Alle Zutaten mit der Zwiebelmischung in einer Schüssel vermengen und abschmecken. Laibchen formen und in Olivenöl auf beiden Seiten hellbraun braten. Man kann die Laibchen auch auf ein mit Sesamöl bestrichenes Backblech setzen, mit etwas Öl bestreichen und im Rohr 30 Minuten bei 170 °C braten. Bei dieser Variante sind die Laibchen trockener und sollten sofort serviert werden.

4. Für die Spargelmayonnaise den Spargel nach Bedarf mit dem Gemüseschäler schälen, die holzigen Teile wegschneiden und in 2 cm lange Stücke schneiden. In wenig Wasser garen – das Kochwasser nicht wegschütten, es ist ein feiner Suppen- oder Saucenfond. Den Spargel anschließend auskühlen lassen.

5. Eigelb und Senf in einen schmalen Rührbecher geben und mit dem Mixer gut verrühren. Unter ständigem Rühren das Öl sehr langsam hinzufügen, bis die Masse dick ist. Joghurt und Sauerrahm unterrühren, dann Spargelstücke und fein geschnittenen Schnittlauch vorsichtig unterheben. Mit Salz abschmecken.

Organisationstipp: Die Linsenmasse kann man gut vorbereiten und bereits zu Laibchen formen.

Tipp: Falls Sie eine vegane Sauce zu den Laibchen wünschen, passt die Cashewcreme (siehe Rezept Seite 123) sehr gut dazu.

FLADEN MIT RINDFLEISCH
nach Art von Shabu shabu

Möchten Sie im Kreise Ihrer Familie oder mit Freunden plaudernd ein gemeinsames Essen (ähnlich einem Fondue) genießen, dann liegen Sie mit dieser Speise richtig. Alle tauchen abwechselnd ihre dünnen Fleischscheiben in die Suppe und drapieren sie mit den gewünschten Beilagen auf dem Fladenbrot.

Für die Fladen
100 g Vollkornmehl
  (Dinkel oder Weizen)
500 g Weizenmehl, Type 700
1 TL Steinsalz
1/2 Würfel Germ
ca. 300 ml warmes Wasser
2–3 EL Olivenöl
3–5 Knoblauchzehen, fein gehackt
Olivenöl zum Bestreichen
Kreuzkümmel oder Kümmel
  zum Bestreuen

Für die Garnitur
je nach Verfügbarkeit und per-
  sönlicher Auswahl ca. 250 g
  Salatblätter (Kopfsalat, Pflücksalat) ◦ Rucola ◦ Spinatblätter
  ◦ Radieschen- und Kohlrabi-
  scheiben

Für den Bärlauchdip
1 Handvoll Bärlauch
250 g Schafjoghurt
1–2 EL kalt gepresstes Öl nach
  Wahl
Steinsalz
Rosa Beeren, im Mörser
  frisch zerstoßen

Für das Rindfleisch
400 g Rindfleisch: Schulter-
  scherzl oder dicke Schulter
400 g Wurzelgemüse, davon
  250 g Karotten
1/2 Stange Lauch
3/4 l gute Rindsuppe

Zubereitungszeit • Fladen: 30–40 min
(ohne Rast- und Backzeit) | Bärlauch-
dip: 10 min | Rindfleisch: 45 min

1. Für die Fladen Mehle und Salz in einer Rührschüssel vermengen. Germ im Wasser auflösen. Wasser und Mehl verkneten, sodass ein relativ fester Teig entsteht. Wenn notwendig, noch etwas Wasser dazugeben. Abschließend Öl und fein gehackten Knoblauch hinzufügen und den Teig so lange kneten, bis er sich von der Schüssel bzw. Arbeitsfläche löst. Das dauert ca. 3 Minuten.

2. Den Teig zugedeckt mindestens 30 Minuten rasten lassen. Anschließend den Teig in 8 Stücke teilen, diese zuerst zu Kugeln rollen und dann zu flachen Laibchen formen und zugedeckt noch einmal 10–15 Minuten gehen lassen. Die Oberfläche der Fladen kreuzförmig einschneiden, mit etwas Olivenöl bestreichen und mit Kreuzkümmel oder Kümmel bestreuen.

3. Die Fladen im gut vorgeheizten Rohr bei 190 °C backen, bis sie leicht gebräunt und knusprig sind. Die Backzeit beträgt 15–20 Minuten.

4. Für den Bärlauchdip Bärlauch in feine Streifen schneiden und mit den restlichen Zutaten vermengen.

5. Das Fleisch von Sehnen befreien, danach gut kühlen bzw. leicht anfrieren und in max. 2 mm dicke Scheiben schneiden. Die Scheiben auf einer Platte flach schichten und im Kühlschrank 30 Minuten dem kalten Sauerstoff aussetzen, damit sie tiefrot werden.

6. Das Gemüse putzen und in mundgerechte Stücke schneiden. Die gut gesalzene Rindsuppe zum Kochen bringen, das Gemüse hinzufügen und 6 Minuten kochen lassen. Nun das Gemüse abseihen und die Rindsuppe erneut zum Kochen bringen. Das Gemüse anschließend gut abtropfen lassen – die Karotten werden ebenfalls auf die Fladen gelegt.

7. Die Fleischscheiben portionsweise 1/2 Minute in die köchelnde Suppe tauchen, dann mit einem Sieb abschöpfen, kurz abtropfen lassen und sofort anrichten. Dazu werden Garnitur, Karottenstücke, Bärlauchdip und Rindfleisch auf die Fladen geschichtet und direkt genossen.

Organisationstipp: Die Suppe findet im nachstehenden Rezept Verwendung.

Tipp: Für das Rindfleischrezept eignen sich Stücke vom Rind, die nicht so begehrt und deswegen preiswerter sind. Wichtig ist, dass das Fleisch eine gute Fettäderchen-Marmorierung aufweist. Sehnen und die äußere Fettschicht werden entfernt.

RINDSUPPE
mit Buchweizennudeln, Schwammerln und Frühlingsgemüse-Pakoras

Die vom Shabu shabu (siehe vorhergehendes Rezept) übrig gebliebene Suppe ergibt am nächsten Tag ein neues Gericht. Mit einem höheren Nudelanteil wird daraus eine sättigende Hauptspeise.

Für die Rindsuppe mit Buchweizennudeln und Schwammerln

Rindsuppe – vom Shabu shabu übrig geblieben (siehe vorhergehendes Rezept)

100–250 g Buchweizennudeln

125 g Schwammerl

etwas Schnittlauch, fein geschnitten

....

Für die Frühlingsgemüse-Pakoras

3–5 Stangen grüner Spargel

2–3 Karotten

100 g feines Dinkelmehl

1 TL Weinsteinbackpulver

1/2 TL Kurkuma

1 TL Steinsalz

2 Eier

125 ml Mineralwasser

Butterschmalz zum Herausbacken

....

Zubereitungszeit • 50–60 min

1. Die Suppe mit 1/2 l Wasser verlängern und zum Kochen bringen. Schwammerln in mundgerechte Stücke schneiden und mit den Nudeln der Suppe zufügen und bissfest kochen. <u>Achtung:</u> Buchweizennudeln haben eine kurze Kochzeit. Die Suppe abschmecken und vor dem Servieren mit fein geschnittenem Schnittlauch bestreuen.

2. Für die Pakoras Spargel am unteren Teil mit dem Gemüseschäler schälen und Holziges wegschneiden. Karotten und Spargel in möglichst dünne Scheiben schneiden. Alle restlichen Zutaten zu einem Backteig verrühren.

3. Das Gemüse durch den Teig ziehen, abtropfen lassen und in Butterschmalz herausbacken. Ich versuche wie immer möglichst wenig Fett zu verwenden, deshalb gebe ich maximal 2 EL Butterschmalz in die Pfanne und drehe die Pakoras um, sobald sie auf einer Seite goldgelb sind. Die Frühlingsgemüse-Pakoras auf Küchenpapier abtropfen lassen, in Schälchen anrichten und zur Suppe reichen.

Organisationstipp: Wenn man das Gemüse und die Zutaten für den Backteig (ohne sie zu vermengen) am Vortag bereits schneidet bzw. in einer Schüssel vorbereitet, verkürzt sich die Zubereitungszeit um 20 Minuten.

PIKANTE BUCHTELN
mit Kohlrabi-Bärlauch-Sauce

Buchteln mit süßen Füllungen sind sehr beliebt und auch praktisch fürs Jausen-sackerl. Probieren Sie einmal eine pikante Füllung, wenn Sie nicht auf „süß" ein-gestellt sind. Wichtig bei Buchteln ist auf jeden Fall, die Hülle möglichst dünn und die Fülle reichhaltig auszuführen. • Der erste Kohlrabi im Frühling ist meistens zitronengroß, wenn er geerntet wird. Wir können nicht länger warten! Da er heiß begehrt ist, landet er nicht im Kochtopf, sondern wird roh verspeist. Welch eine Delikatesse mit einem Sauerrahm- oder Topfendip. Wenn das Rohgenuss-Interesse nachlässt, kann ich mit den letzten Bärlauchblättern eine cremige Sauce kochen, die auch gut zu verschiedenen Laibchen passt.

Für 6 Portionen

Für die Fülle

2 Karotten
1 Zwiebel mit sauberer Schale
1 Petersilienwurzel
50 g Wurzelsellerie
3 Knoblauchzehen
1/2 EL Butterschmalz
500 g Rindfleisch zum Kochen
  (Brustspitz)
8–10 Pfefferkörner
2 Lorbeerblätter
1 Msp. Muskat
Steinsalz
1 Knackwurst
1 Büscherl Kräuter: Petersilie,
  Majoran, Estragon

Für den Teig

ca. 200 ml Milch oder vegane
  Milch
1 Würfel Germ
1/2 TL Rohrübenzucker
500 g feines Dinkelmehl
50 g Butter für den Teig
1 TL Steinsalz
1 Ei
1 Apfel, gerieben
  (ohne grobe Schalenstücke)
60 g zerlassene Butter für die
  Ausfertigung

1. Für die Fülle das Gemüse gut bürsten und nur bei Bedarf putzen. Die Karotten halbieren. Zwiebel, Petersilienwurzel, Sellerie und 2 Knoblauchzehen in Butterschmalz anrösten, dann mit Wasser auf-gießen. Wenn die Suppe kocht, Fleisch und Gewürze hinzufügen. Das Fleisch ca. 1 1/2 Stunden am Siede-punkt ziehen lassen, dabei den Topf nicht zudecken. Nach 45 Minuten Garzeit die halbierten Karotten dazugeben. Die Suppe abseihen, sobald Fleisch und Gemüse gar sind. Als Nebenprodukt fällt eine wunderbare Rindsuppe an, in die viele Einlagen wie Grießnockerln, Frittaten, Nudeln, Schöberl usw. passen.

2. Die Haut der Knackwurst abziehen und mit dem überkühlten Fleisch in Stücke schneiden. Dann mit Karotten, Knoblauchzehen und Kräutern durch den Fleischwolf drehen. Man kann auch das restliche Gemüse mitfaschieren. Sollte kein Fleischwolf vor-handen sein, schneidet man alles mit dem Messer fein. Abschließend die Fülle kräftig abschmecken.

3. Für den Teig die Hälfte der Milch leicht erwärmen, Germ und Zucker darin auflösen und mit etwas Mehl bestäuben. Das Dampfl zugedeckt an einem warmen Ort ca. 15 Minuten aufgehen lassen.

4. Die restliche Milch leicht wärmen, 50 g Butter und Salz darin auflösen und mit dem Ei verquirlen. Mehl, Butter-Ei-Mischung, Dampfl und geriebenen Apfel zu einem mittelfesten, glatten Teig verkneten. Zugedeckt an einem warmen Ort ca. 20–40 Minuten auf das dop-pelte Volumen aufgehen lassen.
→

Organisationstipp: Die Herstellung ist arbeitsauf-wändig, deshalb lohnt es sich, Mithilfe zu organisie-ren und gleich eine größere Menge herzustellen.

Tipp: Wenn Sie bei der Sauce die vegane Variante wählen, passt sie gut zu den Linsen-laibchen (siehe Rezept Seite 100).

Vegane Variante: Verwenden Sie für die vegane Variante der Kohlrabi-Bärlauch-Sauce statt je 1 EL Butter und Olivenöl 2 EL Olivenöl.

→

Für die Kohlrabi-Bärlauch-Sauce
500 g junger Kohlrabi
3 Frühlingszwiebeln
1 EL Butter
1 EL Olivenöl
2 EL Hafermehl
ca. 350 ml Hafermilch
1 TL gekörnte Suppenwürze
Steinsalz und Pfeffer, im Mörser
  frisch zerstoßen
30–50 g Bärlauch
  (Ersatz: Schnittknoblauch)
optional: etwas Schlagobers,
  Sauerrahm oder Nussmus
  zum Verfeinern

Zubereitungszeit • Buchteln: 90 min |
Kohlrabi-Bärlauch-Sauce: 30 min
(ohne Gar- und Rastzeiten)

5. Anschließend den Teig in ca. 40 g schwere Stücke teilen und diese zu Kugeln formen. Nach 5 Minuten Rastzeit die Teigkugeln mit dem Handballen ganz flach ausklopfen, füllen und gut verschließen. Die gefüllten Buchteln seitlich und am Boden in zerlassene Butter tauchen und mit der Naht nach unten in eine Backform schlichten, dann mit Butter bestreichen und nochmals zugedeckt aufgehen lassen.

6. Die Buchteln im vorgeheizten Rohr bei ca. 175 °C 20–25 Minuten backen, bis sie an der Oberfläche goldbraun sind. Nach kurzem Abkühlen aus der Form stürzen und wieder umdrehen, sodass die gebräunte Seite obenauf bleibt.

7. Für die Kohlrabi-Bärlauch-Sauce die Kohlrabi schälen, bei Bedarf den holzigen Boden entfernen und würfelig schneiden. Die zarten Blätter zur Seite legen. Frühlingszwiebeln putzen und in Ringe schneiden. Zwiebel in der Öl-Butter-Mischung anschwitzen, Mehl einrühren und mit der Hafermilch ablöschen. Die Masse unter Rühren mit dem Schneebesen kurz verkochen lassen. Kohlrabiwürfel, Suppenwürze, Salz und Pfeffer hinzufügen und alles weich dünsten – dabei zwischendurch einmal umrühren.

8. Die Sauce mit einem Stabmixer pürieren und abschmecken. Bärlauch und Kohlrabigrün fein hacken und unter die Sauce, die nicht mehr kochen darf, rühren. Die Sauce abschließend für die vegetarische Variante mit Schlagobers oder Sauerrahm, für die vegane Variante mit Nussmus verfeinern.

RHABARBERSTRUDEL
mit Chai-Vanillesauce

Für 8 Portionen

Für den Strudelteig
250 g Weizenmehl, Type 700
Steinsalz
lauwarmes Wasser nach Bedarf
2 EL Bratöl
etwas Bratöl zum Bestreichen

Für die Fülle
1 kg Rhabarber
100 g Rübenzucker
1 TL Zitronenschale, abgerieben
etwas Zimt
500 g Äpfel
4 Eidotter
4 Eiklar
100 g Rohrübenzucker
100 g Haselnüsse, gerieben
100 g Biskuit, grob zerrieben
 (Ersatz: Biskotten)
100–120 g zerlassene Butter
 zum Bestreichen
evtl. Staubzucker zum
 Bestreuen

Für die Chai-Vanillesauce
40 g Maisstärke
1 l Milch oder Mandelmilch
2 Eidotter
3 TL Chai-Tee
30 g Rohrübenzucker
1 EL Vanillezucker

Zubereitungszeit • Rhabarber-
strudel: 70–80 min | Backzeit im
Rohr: 30–40 min | Chai-Vanille-
sauce: 15 min

1. Man kann den Strudelteig mit der Hand auf einem Brett oder in einer Rührschüssel mit den Knethaken des Handmixers herstellen. Mehl mit Salz vermischen, zuerst das Wasser, dann das Öl dazugeben und zu einem zähen, glatten Teig verarbeiten. Die Wasserbeigabe richtet sich nach der Wasseraufnahmefähigkeit des Mehles.

2. Den Teig zu einer Kugel formen, die Oberfläche mit Öl bestreichen und den Teig ca. 30 Minuten ruhen lassen.

3. Für die Fülle Rhabarber waschen, schälen und in 2 cm große Stücke schneiden. Rhabarber, 100 g Zucker, Zitronenschale und Zimt in einer Schüssel vermischen und durchziehen lassen. Die Äpfel mit der Schale in kleine Würfel schneiden und zum Rhabarber geben. Beim Rhabarber setzt sich nach kurzer Zeit etwas Saft ab, dieser verhindert, dass die Äpfel braun werden.

4. Eidotter mit 2/3 des Zuckers schaumig rühren. Eiklar mit dem restlichen Zucker zu Schnee schlagen. Abwechselnd den steif geschlagenen Schnee und die Haselnüsse der Eidotter-Zucker-Masse unterheben.

5. Ein großes Küchentuch ausbreiten und mit Mehl bestäuben. Den Teig daraufgeben und zuerst mit dem Nudelwalker ausrollen – bis zu einer Größe von ca. 25 × 25 cm. Dann den Teig mit den Händen behutsam zu einem großen Rechteck ausziehen. Die Hälfte des Teiges mit der Haselnussfülle bestreichen, Biskuitbrösel daraufstreuen und abschließend die Rhabarber-Apfel-Mischung gleichmäßig verteilen. Den restlichen Teig mit dem Großteil der zerlassenen Butter bestreichen, dann die Enden einschlagen und ebenfalls mit Butter bestreichen. Den Strudel mit Hilfe des Tuches aufrollen und mit der Naht nach unten auf ein mit Butter bestrichenes Backblech legen. Den Strudel mit zerlassener Butter bestreichen und bei ca. 180 °C 30–40 Minuten backen. Man kann den Strudel während des Backens zwischendurch einmal mit Butter bestreichen, damit er knusprig wird.

6. Zum Servieren nach Belieben mit Staubzucker bestreuen.

7. Für die Chai-Vanillesauce Maisstärke mit 100 ml kalter Milch oder Mandelmilch und den Eidottern glatt rühren. Restliche Milch, Chai-Tee, Zucker und Vanillezucker aufkochen. Die Sauce 10 Minuten leicht köcheln lassen und anschließend durch ein Sieb seihen.

8. Die Maisstärke-Eidotter-Mischung in die Milch einrühren und unter ständigem Rühren kurz aufkochen. Die Sauce vor dem Servieren bei Bedarf nachsüßen.

Tipp: Den Teig vor dem Rasten in 2 Teile teilen und 2 Strudel ausziehen. Kleinere Strudel sind leichter zu verarbeiten und sehen meist attraktiver aus. Man kann die Portionsstücke auch in kleinen Gratinierformen backen

MAI

Jetzt sind die Pforten unserer „zweiten Küche", der freien Natur, endgültig geöffnet.

Ob Sie selber einen Garten haben, einen Balkon oder einen feinen Platz fürs Grillen und Chillen kennen ... fühlen Sie sich eingeladen, einen Teil Ihrer Freizeit nun unter freiem Himmel zu verbringen.

- *Feuer, Kochkunst, Magie, Liebe und die frische Luft: Im Freien gekocht und gegessen schmeckt beinahe alles um eine Nuance besser. Dabei kommt es laut Blindverkostungen von namhaften Grill-Herstellern mehr auf die Romantik als auf geschmackliche Unterschiede an, egal ob man am Lagerfeuer, mit dem Gasgriller, Holzkohlengrill oder im Lehmofen (richtig!) kocht und grillt.*

  Wir sehen es von einem sehr praktischen Blickwinkel: So romantisch das Kochen am offenen Feuer ist, so vorteilhaft ist ein Gasgriller. Alleine die Möglichkeit der einfacheren Temperaturregulierung und der Verhinderung von verbrannten oder gar verkohlten Speisen ist ein Hit. Aber auch der Vielfalt von Anwendungsmöglichkeiten sind keine Grenzen gesetzt: Von der Quiche bis zum Soufflé, beinahe alles kann auf einem Gasgriller gekocht bzw. gegrillt werden.

- *Heiß ersehnt und nur von kurzer Dauer: Die Erdbeeren sind da und sofern sie uns guttun, gibt es sie nun täglich. Da sie jetzt reif sind, kommen wir in vielen Fällen ganz ohne Zuckerzusatz aus.*

  Wussten Sie, dass durch den Anbau verschiedener Sorten in verschiedenen Höhenlagen die Erdbeersaison in Ostösterreich um einige Wochen verlängert wurde?

SPARGELSUPPE
mit Erdmandelflocken

750 g Spargel
1 l Wasser
Steinsalz
1/2 TL Rohrübenzucker
3–4 Frühlingszwiebeln oder
 eine milde Zwiebel
2 EL Olivenöl
3 EL Vollkornreismehl
Steinsalz und Pfeffer, im
 Mörser frisch zerstoßen
Muskatblüte
2 EL Mandelmus
2 EL Schnittlauchröllchen
3 EL Erdmandelflocken

Zubereitungszeit • 30–40 min

1. Für die Suppe Spargel waschen, holzige Enden abschneiden, schälen und in 2 cm lange Stücke schneiden. Wasser mit Salz und Zucker zum Kochen bringen, die Spargelabfälle dazugeben und bei schwacher Hitze 15 Minuten kochen. Den Sud abseihen und die Spargelstücke darin 10–15 Minuten weich kochen, die Spargelstücke herausnehmen und ein paar Spargelstücke für die Garnitur zur Seite stellen.

2. Zwiebeln fein hacken und in Olivenöl hell anrösten, Vollkornreismehl dazugeben und kurz rösten, dann den Spargelsud unter Rühren mit dem Schneebesen aufgießen und die Suppe kurz verkochen lassen. Gewürze, den Großteil der Spargelstücke und Mandelmus dazugeben und alles fein mixen. Die Suppe abschmecken und mit Spargelstücken, Schnittlauchröllchen und Erdmandelflocken servieren.

Organisationstipp: Den Spargel am Vortag schälen, in Stücke schneiden, in ein feuchtes Tuch wickeln und im Kühlschrank lagern. Aus den Abfällen gleich einen Sud kochen und diesen abkühlen lassen.

BLATTSALATE
mit Erdbeerdressing

*Erdbeeren im Salat – ein süßsaures Geschmacks-
erlebnis, fernab der asiatischen Küche!*

500 g Blattsalate, darunter
 auch junge Spinatblätter –
 möglichst bunt
optional: 1/2 Bund Radieschen
essbare Blüten zur Dekoration

Für das Dressing
60–80 g Erdbeeren
1–2 EL Apfel-Balsamessig
2 EL Apfelsaft
1 TL Honig oder Rohrüben-
 zucker
1/2 TL Steinsalz
5 EL Distelöl

Zubereitungszeit • 15–20 min

1. Die Salatblätter nach Bedarf zerkleinern, optional
   die Radieschen fein schneiden und gemeinsam mit
   den Blüten anrichten.

2. Für das Dressing die Erdbeeren in einem Sieb
   waschen. Anschließend den Kelch entfernen und
   die Früchte vierteln.

3. Erdbeeren, Essig, Apfelsaft, Honig oder Zucker
   und Salz mit dem Mixstab pürieren und währenddessen langsam das Öl hinzufügen. Vor dem
   Servieren den Salat mit dem Dressing übergießen.

ERDÄPFELAUFSTRICH

Dieser Aufstrich ist ein wahrer Verwandlungskünstler: Durch die Zugabe von verschiedenen Kräutern, Gewürzen, Samen, Milchprodukten, gekochten Eiern und Gemüse lässt er sich immer wieder aufs Neue entdecken und erfreut auch Vegetarier.

1 EL Leinsamen, fein geschrotet

2–3 EL Wasser

1 EL Zitronensaft, frisch gepresst

1 TL Senfpulver

1/3 TL Steinsalz

1/2 TL milder Honig oder Ahornsirup

etwas Pfeffer, im Mörser frisch zerstoßen

ca. 80 ml kalt gepresstes Öl

ca. 300 g Erdäpfel, gekocht und passiert

3 EL (Wild)Kräuter der Saison, gehackt

Zubereitungszeit • 20 min

1. Fein geschroteten Leinsamen und Wasser in einem schmalen, hohen Gefäß verrühren und ein paar Minuten quellen lassen. Zitronensaft, Senfpulver, Salz, Honig oder Ahornsirup und Pfeffer darunterrühren, anschließend das Öl unter ständigem Rühren mit dem Mixer in einem dünnen Strahl langsam darunterschlagen – dazu kann man selbstverständlich auch einen Blender verwenden.

2. Die Masse mit den Erdäpfeln und gehackten Kräutern vermengen und abschmecken.

Organisationstipp: Wenn am gleichen Tag Erdäpfelpüree am Speisezettel steht, kocht und passiert man ein paar Erdäpfel mehr.

Tipp: Als Dekoration eignen sich im Mai geraffelte oder geschnittene Karotten, Kohlrabi oder Radieschen, blanchierter Spargel, Sprossen und essbare Blüten.

SPARGELQUICHE MIT FRISCHKÄSE
von Ziege oder Schaf

Quiches zählen zu meinen Lieblingsspeisen, wenn es um die Möglichkeit des Vorbereitens geht. Mürbteig, grüner Spargel und Ziegenkäse ergeben eine feine Kombination.

Für den Teig

120 g Dinkelvollkornmehl
180 g feines Dinkelmehl
180 g Butter oder
 Bio-Margarine
1 Eidotter
Steinsalz
750 g grüner Spargel
1 TL Steinsalz

Für die Fülle

1/2 TL Zucker
130 ml Schlagobers
2 Eier
70 g Hartkäse von der Ziege,
 gerieben (Ersatz: Hartkäse
 vom Schaf)
3 EL Kräuter nach Wahl,
 gehackt
Steinsalz und bunter Pfeffer,
 im Mörser frisch zerstoßen
1 Prise Muskatblüte
120 g Frischkäse von der Ziege
 (Ersatz: Frischkäse vom Schaf)

Zubereitungszeit • 50–60 min
(inkl. Kochzeit des Spargels)

1. Für die Quiche aus den beiden Mehlen, Butter oder Margarine, Eidotter und Salz rasch einen Mürbteig kneten und damit eine Gratinierform auslegen. Der Rand sollte 3 cm hoch sein.

2. Spargel waschen, holzige Enden abschneiden, am unteren Ende schälen und die Spargelspitzen abschneiden. Spargel in Wasser, dem das Salz und der Zucker beigefügt wird, kochen, die Spitzen erst nach 5 Minuten dazugeben. Den Spargel, sobald er weich ist, in einem Sieb gut abtropfen lassen. Das Spargelwasser für eine Suppe oder Gemüsesauce weiterverwenden.

3. Schlagobers mit Eiern, geriebenem Hartkäse, gehackten Kräutern und Gewürzen verquirlen. Spargel und Ziegenfrischkäse gleichmäßig auf dem Mürbteig verteilen und mit der Eiersauce übergießen.

4. Die Quiche 30 Minuten bei Mittelhitze im Rohr backen.

Organisationstipp: Sie kennen die Zeit sparende Vorgehensweise bereits – der Mürbteig kann am Vortag zubereitet und in die Gratinierform gegeben werden. Der Spargel wartet geschält und in ein feuchtes Tuch gewickelt im Kühlschrank.

Tipps: Um Fett zu sparen, kann man einen Teil der Butter durch ein paar Löffel Eiswasser ersetzen. • Streuen Sie zur Abwechslung 5 Minuten vor Garende 1 EL Mohnsamen über die Quiche.

WRAPS
mit Cashewcreme

Ich bin kein Freund der Werbung, denn meist werden künstlich Bedürfnisse geweckt. In diesem Fall hat sie eine positive Wirkung. Seit Wraps cool sind, lassen sich sogar hartnäckige Gemüse- muffel vom eingewickelten Gemüse verführen. • Im folgenden Rezept wird das Fleisch zur Beilage.

Für den Teig
90 g Maismehl
60 g Reis- oder Buchweizenmehl
10 g Maisstärke
1 TL Paprika
220 ml vegane Milch
2 Eier
1 TL Steinsalz
etwas Bratöl zum Ausbacken

Für die Fülle
300 g Gemüse der Saison:
   grüner Spargel, Karotten,
   Kohlrabi, Zucchini, Brokkoli ...
Steinsalz
etwas Harissa (Ersatz: Chili)
1 EL Sesamöl
optional: schwarzer Sesam
200 g Hühnerbrust
1 Zweig Thymian
1–2 EL Olivenöl
bunte Salatblätter
80 g Käse nach Wahl, geraffelt

Für die Cashewcreme
200 g Cashewkerne, grob
   gehackt
2 Frühlingszwiebeln
1 EL Hefeflocken
1 EL Schnittlauch, fein
   geschnitten
2 EL Mandelöl
je 1 Msp. Kümmel und
   Koriander, gemahlen
Steinsalz und Pfeffer, im
   Mörser frisch zerstoßen

Zubereitungszeit • Wraps: 60 min |
Cashewcreme: 10 min (ohne Einweichzeit)

1. Für den Teig alle Zutaten zu einem glatten Teig ver-rühren und diesen 20 Minuten rasten lassen.

2. Öl in einer beschichteten Pfanne erhitzen und nach-einander möglichst dünne Wraps ausbacken.

3. Für die Fülle Spargel waschen, holzige Enden ab-schneiden, am unteren Ende schälen und der Länge nach halbieren. Das restliche Gemüse waschen, bei Bedarf schälen und in schmale Streifen schnei-den. Das Gemüse über Dampf bissfest garen, dann mit Steinsalz und Harissa würzen und in Sesamöl schwenken.

4. Huhn in Streifen schneiden, ganz kurz mit Thymian in Olivenöl anbraten und salzen.

5. Für die Cashewcreme die Cashewkerne über Nacht in etwas kaltem Wasser einweichen. Die Zwiebeln hacken, mit den Nüssen und den restlichen Zutaten pürieren – dabei so viel Einweichwasser untermixen, bis eine cremige Sauce entstanden ist.

6. Zum Servieren die Wraps in der Mitte der Länge nach mit Salatblättern belegen, darauf kommen Gemüse, Hühnerstreifen, Sauce und Käse. Wraps einrollen, in der Mitte schräg durchschneiden und genießen.

Tipp: Es muss nicht immer die gebratene Hühnerbrust sein. Auch gebratene Haxerl und Flügerl, von denen das Fleisch mit einer Gabel her-untergezogen wird, schme-cken vorzüglich. Der Zeitauf-wand ist nicht größer, wenn die Hühnerteile gleich zu Zubereitungsbeginn ins Rohr geschoben werden.

FISCHFILET IM SESAMMANTEL
und Frühlingsrettichsalat

Dürfen wir Ihnen ein ideales Muttertagsmenü vorstellen? Feiner Geschmack trifft auf Farbenpracht und geringen Arbeitsaufwand! Das Gericht ist so leicht, dass die Muttertagstorte mit Freude angenommen wird.

Für das Fischfilet im Sesammantel

4 Filets vom Saibling oder
  der Forelle
etwas Zitronensaft
Steinsalz
1 EL Mehl oder Reismehl
2 EL Sesam, gemahlen
Rosa Beeren, im Mörser
  frisch zerstoßen
1–2 EL Olivenöl

Für den süßscharfen Salat mit Frühlingsrettich und Karotten

3 Frühlingsrettiche, z.B. Oster-
  gruß
2 große Karotten

Für das Dressing

1–2 EL Dattelsirup
  (Ersatz: pürierte Datteln)
4 EL Haselnussöl
2 EL Zitronensaft
Steinsalz
etwas Pfeffer und Chili
Vanillepulver
2 Knoblauchzehen, fein gehackt
2 EL Haselnüsse, geröstet
  und gehackt
8 Blätter Ananasminze, gehackt
2 EL Hanfsprossen zum
  Bestreuen

Zubereitungszeit • Fischfilet: 20 min | Salat mit Frühlingsrettich und Karotten: 20 min

1. Fischfilets waschen, mit einer Küchenrolle abtupfen und noch vorhandene Gräten mit der Pinzette entfernen. Die Filets mit etwas Zitronensaft und Salz würzen. Mehl, gemahlenen Sesam und Rosa Beeren vermengen und die Filets darin auf der Hautseite wenden.

2. Olivenöl in einer Pfanne erhitzen, das Fischfilet zuerst auf der Hautseite max. 3 Minuten braten, dann umdrehen und noch weitere 1–2 Minuten fertig braten.

3. Für den süßscharfen Salat Rettich und Karotten mit der Gemüsebürste reinigen und auf der Reibe raffeln.

4. Für das Dressing Sirup, Haselnussöl, Zitronensaft, Salz und Gewürze in einem Schraubglas gut verschütteln. Knoblauch, Haselnüsse und Minze darunterrühren. Das Dressing mit dem Gemüse vermengen, den Salat abschmecken und mit den Hanfsprossen bestreut servieren.

Tipp: Gemahlener Sesam ist meines Wissens nicht erhältlich, Rosa Beeren sind umständlich zu mörsern. Am einfachsten ist es, beides gleichzeitig in einer elektrischen Kaffeemühle zu mahlen – so wie wir viele Gewürze, u.a. auch getrockneten Chili, zu Pulver vermahlen.

GEFÜLLTE JUNGE KOHLRABI

Wir eröffnen die Saison der gefüllten Gemüse. Bald kommen weitere Gemüsesorten dazu, die sich wunderbar füllen lassen: Zucchini, Rondini, Paradeiser, Paprika, Melanzani. Das Getreide, die Kräuter und der Käse variieren mit – so passen beispielsweise Hafer, Oregano, Rosmarin und Haselnüsse hervorragend in die Paradeiser.

800 g Kohlrabi
120 g Buchweizen
280–300 ml Gemüsebrühe
3 Frühlingszwiebeln
100 g Parmesan, grob gerieben
100 g Topfen
2 Eier
1 TL Senf
3 EL gehackte Kräuter:
   Schnittknoblauch, Basilikum,
   Koriander, Petersilie
Steinsalz und Pfeffer, im
   Mörser frisch zerstoßen
3 EL Olivenöl
80 ml Schlagobers
1 EL Vollkornmehl nach Wahl
   (auch glutenfrei möglich)
1 EL Wurzelgemüsepulver
   (Ersatz: 3 EL fein geriebenes
   Suppengemüse)
Petersilie und 2 EL geriebene
   Erdmandeln zum Bestreuen

....

Zubereitungszeit • 45 min (ohne Backzeit)

1. Kohlrabi schälen, das feine, innere Grün zur Seite stellen. Das Gemüse aushöhlen und die Hülle über Dampf 5–8 Minuten garen. Das ausgehöhlte Gemüse fein hacken, es kommt zur Fülle.

2. Buchweizen waschen und in der Gemüsebrühe zum Kochen bringen, 10 Minuten bei kleiner Hitze köcheln lassen und anschließend auf der ausgeschalteten Platte quellen lassen.

3. Frühlingszwiebeln fein hacken. Buchweizen, das gehackte Innere vom Kohlrabi, gehackte Zwiebeln, Käse, Topfen, Eier, Senf und gehackte Kräuter vermengen und mit Steinsalz und Pfeffer kräftig abschmecken.

4. Kohlrabi füllen, in eine mit Olivenöl ausgestrichene ofenfeste Form stellen und mit Olivenöl beträufeln. Die gefüllten Kohlrabi im vorgeheizten Rohr bei 160–170 °C 30–40 Minuten goldbraun backen – bei Bedarf mit etwas Gemüsebrühe angießen.

5. Schlagobers, Vollkornmehl, Wurzelgemüsepulver und etwas Salz verrühren, über die gefüllten Kohlrabi gießen und 2 Minuten im Rohr ziehen lassen. Petersilie und feines Kohlrabigrün fein hacken und mit den geriebenen Erdmandeln über den servierfertigen Kohlrabi streuen.

Organisationstipp: Wenn Sie die doppelte Menge Buchweizen am Vortag dünsten, können Sie einen Teil als Suppeneinlage in einer Cremesuppe verwenden und profitieren am nächsten Tag vom Zeitvorsprung.

Tipp: Achten Sie auch beim Parmesan auf Regionalität. Mittlerweile gibt es köstliche Sorten aus verschiedenen Regionen Österreichs.

HIRSE-AMBROSIA
mit Erdbeeren

Ambrosia heißt Götterspeise – eine Süßspeise, die direkt aus dem Paradies kommen soll. Gewöhnlich besteht sie aus einer Unmenge an Eiern und Zucker. Probieren Sie unsere Variante, die sowohl Gaumen als auch Körper paradiesisch guttut – besonders dann, wenn sie mit ganz reifen, frischen Erdbeeren genossen wird.

100 g Hirse
300 ml Mandelmilch
2 TL Bourbon-Vanillezucker
1 EL Honig
120–150 ml Schlagobers
400 g reife Erdbeeren
optional: etwas Orangenlikör
Erdbeeren und essbare Blüten
    zum Garnieren

Zubereitungszeit • 20 min (ohne Quell-
und Auskühlzeit der Hirse)

1. Hirse mit Mandelmilch und Vanillezucker aufkochen, anschließend bei geschlossenem Deckel auf der Platte ausdünsten lassen. Dann mit Honig süßen und in einer Schüssel auskühlen lassen.

2. Die Hirse mit einer Gabel vorsichtig auflockern. Schlagobers schlagen und unter den Hirsebrei ziehen.

3. Erdbeeren kalt abspülen, putzen, klein schneiden und pürieren sowie nach Wunsch mit Orangenlikör abschmecken.

4. Zum Servieren Ambrosia in drei Schichten in Gläser füllen – Erdbeersauce, Hirse, Erdbeersauce – und mit ein paar Erdbeeren und essbaren Blüten garnieren.

Tipps: Mischen Sie ein paar Walderdbeeren unter das Erdbeerpüree und verzichten Sie auf den Likör. • Variieren Sie mit der Beerenfülle, die die Sommermonate zu bieten haben.

JUNI

Die Rezepte
im Überblick

VON DER LIEBE ZUM GARTEN
UND ZUM KOCHEN

Ein blühender Obst- und Gemüsegarten macht uns reich und glücklich.

Wir ernten, was wir gesät haben, wir beobachten das Wachstum junger Pflanzen. Manchmal ärgern wir uns auch über Schädlinge, Hagel oder Frost, aber dennoch lieben wir unseren Garten wie einen Teil von uns selbst. Mit derselben Liebe und Hingabe, mit der wir an die Bewirtschaftung unserer Gärten herangehen, gehen wir auch ans Kochen – und das schmeckt man. Liebe zum Kochen ist mitunter die beste Garantie für gutes Gelingen.

Wenn das für Sie ein neues „Kapitel" in Ihrem Leben ist, so beginnen Sie mit kleinen Schritten. Starten Sie nicht mit einem Fünf-Gänge-Menü, sondern finden Sie kleine Gerichte, die Ihr Herz und Ihren Gaumen erfreuen. Starten Sie zum Beispiel mit einem Frühsommer-Risotto, beginnen Sie damit, einen neuen Salat auszuprobieren und ihn liebevoll mit Blüten zu dekorieren. Jede Kleinigkeit, jede Aufmerksamkeit, die Sie dem Gericht schenken, wird belohnt: durch ein neues Geschmackserlebnis.

GETREIDESPROSSEN-BEEREN-MÜSLI

Wenn beim Frühstück schon die Sonne durch das Fenster lacht, steigt die Lust auf Kaltes und somit auch auf Joghurt. Im Sommer gibt es bei uns weniger Sprossen, da der Garten so eine Fülle hervorbringt, die verwertet werden will. Im Beerenmüsli nehmen sie jedoch einen fixen Platz ein und liefern geballte Energie.

50–100 g gekeimtes Getreide: Gerste, Dinkel, Hafer ...

3 EL Rosinen

100 g Getreideflocken, am besten frisch gequetscht

3–4 EL Braunhirse

4 EL beliebige Nüsse, gehackt

250 g Beeren der Saison: Erdbeeren und Felsenbirnen im Juni

optional: etwas Zitronensaft bei Verwendung von süßen Beeren

350 ml Joghurt natur, 3,6 % Fettgehalt

ca. 150 ml Milch oder Reismilch

Honig zum Abschmecken

....

Zubereitungszeit • 10 min (ohne Keim- und Einweichzeit)

1. Für das Müsli das Getreide 12 Stunden in Wasser einweichen, die anschließende Keimzeit beträgt 2–3 Tage. Während des Keimens müssen die Keimlinge mindestens zweimal täglich gespült werden.

2. Rosinen und Getreideflocken mit Wasser bedeckt über Nacht einweichen.

3. Dann alle Zutaten vermengen und das Müsli mit Honig abschmecken.

PICKNICKSALAT

Passen Sie das Gemüse der jeweiligen Saison an und kreieren Sie Ihren Lieblings-salat! Bulgur gibt es mittlerweile von Getreide, das in Österreich angebaut wird.

Mmh!

Für den Salat

180 g Bulgur
360 ml Wasser
200 g Spargel nach Wahl
200 g Brokkoli
3 Frühlingszwiebeln
1–2 Knoblauchzehen
1 junge, feste Zucchini
200 g Cocktailparadeiser
4 EL Kräuter, gehackt: Petersilie, Koriander, Zitronenthymian, Basilikum
3 EL Walnüsse, grob gehackt

Für die Marinade

1 TL Honig oder Rohrüben-
   zucker
2 EL warmes Wasser
1 EL Apfel-Balsamessig
Saft von 1 Zitrone
3 EL kalt gepresstes Öl: Oliven-,
   Distel- oder Leindotteröl
Steinsalz und Pfeffer, im Mörser
   frisch zerstoßen
Chili nach Geschmack

Zubereitungszeit • 30–40 min

1. Für den Salat Bulgur mit Wasser aufkochen, die Hitze auf ein Drittel reduzieren und Bulgur so lange köcheln lassen, bis das Wasser fast vollständig vom Getreide aufgesogen ist. Anschließend auf der ausgeschalteten Platte noch 5–10 Minuten quellen lassen und dann auskühlen lassen.

2. Spargel je nach Sorte am unteren Ende (grüner) oder bis zum Kopf (weißer) schälen, holzige Teile weg-schneiden und anschließend in 4–5 cm lange Stücke schneiden. Brokkolistrunk schälen und in 1/2 cm dicke Scheiben schneiden, Brokkolirose in Röschen teilen. Spargel und Brokkoli über Dampf bissfest garen, dann kurz kalt abschrecken.

3. Zwiebeln putzen, halbieren und in Ringe schneiden – dabei möglichst viel Zwiebelgrün verwenden. Knob-lauch fein hacken. Zucchini der Länge nach vierteln und in schmale Scheiben schneiden. Cocktailparadei-ser halbieren.

4. Für die Marinade den Honig oder Zucker in warmem Wasser auflösen, anschließend mit Essig, Zitronen-saft, Öl, Salz, Pfeffer und Chili gut verrühren.

5. Den ausgekühlten Bulgur mit Gemüse, Kräutern und Knoblauch vermengen, die Marinade darunterrühren, den Salat abschmecken und mit Nüssen (siehe Tipp) bestreuen.

Organisationstipp: Bulgur kann man schon 1–2 Tage vorher zubereiten, er hält sich in einem verschlosse-nen Glas 3 Tage im Kühl-schrank.

Tipps: Die Nüsse kann man über Nacht in Wasser ein-weichen, dann abgießen und grob hacken. So sind sie leicht verdaulich und schmecken dadurch ge-müsig. Man kann die Nüsse auch 10 Minuten im Rohr bei 80–100 °C rösten, mit einem Tuch abreiben und grob hacken. Auf diese Weise schmecken sie nussiger. • Verfeinern Sie den Salat mit in Würfel geschnittenem Schafkäse.

ZUCCHINI-CRUMBLE
mit Ribisel-Paradeiser-Sauce

Spielt das Wetter mit, gibt es im Juni die erste Zucchinischwemme. Da kann man nie genug Rezepte mit dieser Frucht haben, zumal der relativ geschmacksneutrale Zucchini treue Anhänger hat und kombinierfreudig ist. Ernten Sie Ihre Zucchini, wenn sie noch jung sind und ein festes Fruchtfleisch haben. Große Exemplare büßen an Geschmack ein, schmecken faserig und lassen sich nur zu Suppen und Saucen verarbeiten. • Sollte Ihnen ein Avocadokern übrig geblieben sein, wertet er das Gericht auf, da er reich an Ballast- und sekundären Pflanzenstoffen ist. Vorsicht, er schmeckt bitter – deshalb den Kern nur sparsam verwenden!

Für die Zucchinimasse
900 g junge, feste Zucchini
2 frische Zwiebeln
3 Knoblauchzehen
3 EL Olivenöl
Chilipulver
Steinsalz und Pfeffer, im
  Mörser frisch zerstoßen
2 EL gehackte Kräuter:
  Portulak, Zitronenthymian,
  Oregano

Für die Streusel
60 g Sonnenblumenkerne
1 EL Petersilie
2 TL kandierter Ingwer
optional: 1/2 Avocadokern
80 g Butter oder Bio-Margarine
120 g Gerstenflocken
Steinsalz und 1 Prise Pfeffer

Für die Ribisel-Paradeiser-Sauce
2 Frühlingszwiebeln
750 g Paradeiser
200 g rote Ribisel
2–3 EL Olivenöl
50 g Rohrübenzucker
2 Lorbeerblätter
5 Wacholderbeeren
Steinsalz und Pfeffer, im Mörser
  frisch zerstoßen
2 Msp. Piment

Zubereitungszeit • Zucchini-Crumble:
30 min (ohne Garzeit im Rohr) |
Ribisel-Paradeiser-Sauce: 15 min |
Garzeit: 45 min

1. Für die Zucchinimasse Zucchini in 1 cm große Würfel schneiden, Zwiebeln und Knoblauch getrennt fein hacken. Zwiebelwürfel in 2 EL Olivenöl goldgelb anrösten, Knoblauch, Chili und Zucchinistücke hinzufügen und 2–3 Minuten mitrösten. Die Kräuter dazugeben und die Masse mit Salz und Pfeffer abschmecken.

2. Eine Gratinierform mit dem restlichen Olivenöl ausstreichen und die Zucchinimasse darin verteilen.

3. Für die Streusel die Sonnenblumenkerne grob, Petersilie und Ingwer fein hacken, den 1/2 Avocadokern raspeln. Alle Zutaten in einer Schüssel verbröseln und auf der Zucchinimasse verteilen.

4. Im vorgeheizten Rohr bei 170 °C ca. 30 Minuten überbacken, bis die Streusel appetitlich hellbraun sind.

5. Für die Ribisel-Paradeiser-Sauce Zwiebeln hacken, Stielansatz der Paradeiser entfernen und Paradeiser in grobe Stücke schneiden, Ribisel abrebeln.

6. Zwiebelwürfel in Olivenöl hell anrösten, Zucker und Lorbeerblätter hinzufügen und 2 Minuten rösten. Paradeiser, Ribisel, Salz und Gewürze dazugeben und alles 45 Minuten offen köcheln lassen – zwischendurch umrühren. Die Sauce abschließend mit dem Mixstab pürieren, abschmecken und durch ein Sieb streichen.

Organisationstipp: Streusel und Sauce lassen sich sehr gut vorbereiten.

Tipp: Der Crumble ist in dieser Zubereitungsart ein leichtes Essen. Möchten Sie einen größeren Sättigungswert, ergänzen Sie eine Schicht Erdäpfelpüree oder Erdäpfel am Boden der Form.

TAJINE MIT HUHN

Die Tajine ist seit Jahrtausenden der Kochtopf der Nomaden. Gleichzeitig ist sie das Eintopfgericht Marokkos, das in eben diesem Geschirr gekocht wird. Eintopfgericht und Kochgeschirr gehören untrennbar zusammen. • Mich faszinieren Geschirr und Gericht seit meiner ersten Begegnung mit ihnen in Marokko. Eine Tajine über der Glut des offenen Feuers im Garten bedeutet für mich Entschleunigung pur. Meine erste Tajine bereitete ich mit Habib, einem lieben Freund, in Marrakesch zu. Sein Lieblingsrezept stellt uns Habib dankenswerterweise zur Verfügung. • Sie können dieses Gericht auch in jedem Römertopf garen. Viele Römertöpfe sind mittlerweile leider innen glasiert und können mit dem Charakter eines naturbelassenen Lehmtopfs nicht mithalten. Vielleicht haben Sie ja noch ein unglasiertes Stück zu Hause oder werden in einem orientalischen Laden fündig.

1 Huhn
ein paar Fäden Safran
160 ml Wasser
5 Knoblauchzehen
3 EL Olivenöl
2–3 Zwiebeln
1 Salzzitrone
  (Ersatz: 1/2 Zitrone)
3 Erdäpfel
3 Karotten
1/3 Bund Koriander
  (Ersatz: Petersilie)
2 EL Zitronen- oder Orangen-
  thymian ohne Stiele
Steinsalz und Pfeffer, im Mörser
  frisch zerstoßen
etwas Ingwer, gemahlen
optional: 150 g Erbsen
Oliven nach Geschmack
Olivenöl für die Tajine
Kräuter zum Garnieren

....

Zubereitungszeit • 45 Minuten
(ohne Garzeit)

1. Die Tajine 10 Minuten wässern und den Topfboden anschließend mit Olivenöl ausstreichen.

2. Das Huhn waschen, trocken tupfen und in 8–10 kleine Stücke schneiden.

3. Den Safran in Wasser einweichen. Knoblauch hacken, in ein kleines Schälchen geben und mit Olivenöl übergießen. Die Zwiebeln vierteln und in Scheiben schneiden. Das Innere der Salzzitrone entfernen, die Schale in Streifen schneiden. Bei Verwendung von 1/2 Zitrone, diese in Scheiben schneiden und dann halbieren. Die Erdäpfel gut abbürsten und mit der Schale in 5 mm dicke Scheiben schneiden. Die Karotten der Länge nach vierteln und in 3–4 mm dicke Scheiben schneiden. Koriander bzw. Petersilie grob hacken.

4. Jetzt wird alles in nachstehender Reihenfolge in die Tajine geschichtet:
   • Hühnerstücke
   • Thymian, gehackter Knoblauch in Öl, Steinsalz
   • Zwiebel- und Zitronenstücke
   • die Hälfte vom frischen Koriander, Pfeffer, Ingwerpulver, Safran (das Safranwasser zur Seite stellen)
   • 2–3 EL Olivenöl

5. Nun den Deckel auflegen, die Dampfsperre mit kaltem Wasser füllen und so lange auf der Glut dünsten, bis das Huhn außen nicht mehr roh ist. Dann werden in nachstehender Reihenfolge die restlichen Zutaten hineingeschichtet:
   • Erdäpfelscheiben, Karottenstücke, Erbsen, Oliven
   • frischer Koriander, Pfeffer, Ingwerpulver, Salz
   • 180 ml Safranwasser

6. Jetzt darf die Tajine nicht mehr umgerührt werden. Sie bleibt so lange auf der Glut, bis alles gar ist. Bissfestigkeit ist bei diesem Gericht nicht erwünscht. Die Garzeit variiert zwischen 60 und 120 Minuten – je nach Größe der Fleischstücke, Stärke der Glut und Distanz zur Glutstelle.

7. Die Tajine vor dem Servieren mit frischen Kräutern garnieren. Als Beilage passen Fladenbrot oder Couscous.

Organisationstipp: Wir garen die Tajine über der Glut, man kann sie auch im Rohr schmoren lassen.

FRÜHSOMMER-RISOTTO
für Berufstätige

Lieben Sie Risotto? Steht er vielleicht deshalb so selten auf dem Speisezettel, weil Ihnen die Zeit fürs Rühren und Beobachten fehlt? Ja? Dann haben Sie an diesem Rezept – Italien möge mir die Reduktion auf Einfachheit verzeihen – Ihre Freude.

400 ml Reis Ihrer Lieblingssorte
  – auch Vollkornreis ist möglich
2 EL Sesamöl
80 ml Weißwein
700 ml leichte Gemüsebrühe
Steinsalz
250 g Brokkoli oder Spargel –
  je nach Verfügbarkeit
250 g frische Erbsen
2 EL schwarzer Sesam oder
  Mohnsamen
1/2 Bund Frühlingszwiebeln
100–150 ml Schlagobers
bunter Pfeffer, im Mörser
  frisch zerstoßen
etwas Zitronenschale, gerieben
je 1/2 Bund Schnittlauch
  und Schnittknoblauch,
  fein geschnitten
ein kleiner Zweig Minze, z.B.
  Ananasminze, fein geschnitten
50–80 g reifer Bergkäse,
  gerieben

Zubereitungszeit • 30–40 min

1. Reis gut waschen und in 1 EL Sesamöl glasig an-dünsten. Mit Weißwein ablöschen und so lange offen köcheln lassen, bis dieser verdunstet ist – das dauert ca. 3 Minuten. Gemüsebrühe dazugeben und den Reis je nach Sorte nun zugedeckt fertig garen. Geschälter Reis wird zu Kochbeginn, Vollkornreis immer nach dem Garen gesalzen. Geschälten Reis lässt man nach dem Aufkochen auf der ausgeschalteten Platte ausdunsten. Vollkornreis wird nach dem Aufkochen bei mäßiger Hitze (bei ca. 2/3 der Maximalstufe) so lange gekocht, bis das Wasser fast verdunstet ist und an der Ober-fläche deutliche Löcher zu sehen sind.

2. Den Strunk des Brokkolis schälen und in 1 cm dicke Scheiben schneiden, Kopf in mundgerechte Röschen teilen und zur Seite legen.

3. Den Spargel je nach Sorte mit einem guten Gemüseschä-ler schälen und die holzigen Teile wegschneiden: Grüner Spargel wird nur am unteren Ende geschält, weißer bis zum Kopf. Anschließend den Spargel in 2–3 cm lange Stücke schneiden, die Köpfe zur Seite legen.

4. Das Gemüse über Dampf bissfest garen. Da die Ge-müseteile verschiedene Garzeiten haben, kommen sie in 2 Partien in den Topf: zuerst die Spargelstücke bzw. Brokkolistrunkstücke in den Topf geben, nach ca. 5 Minuten die Spargelspitzen bzw. Brokkoliröschen und die frischen Erbsen dazugeben. Brokkoli darf noch etwas Biss haben. Bei Verwendung von Tiefkühlerbsen kommen diese am Schluss dazu. Das Gemüse nach dem Dampfgaren kurz mit kaltem Wasser abschrecken, damit es leuchtend grün bleibt.

5. Während das Gemüse über Dampf gart, Sesam oder Mohn bei mäßiger Hitze in einer großen Pfanne 2 Minu-ten rösten und zur Seite stellen. Frühlingszwiebeln in kleine Stücke schneiden, in der gleichen Pfanne im restlichen Sesamöl hell anrösten. Das gegarte Gemüse dazugeben, Schlagobers angießen und alles mit Salz und Pfeffer würzen. Den Reis unter die Sauce mengen. Zum Schluss Zitronenschale und fein geschnittene Kräuter dazugeben und mit geriebenem Käse und geröstetem Sesam oder Mohn bestreuen.

Organisationstipp: Der Reis kann schon am Vortag oder Morgen zubereitet werden. Das Gemüse hält sich ge-putzt und geschnitten in einem verschließbaren Glas-gefäß im Kühlschrank bis zu 2 Tage. Bei dieser Vorberei-tung reduziert sich die Zube-reitungszeit auf 20 Minuten.

GETREIDE-GEMÜSE-LAIBCHEN
mit Kirschsauce

Sie haben es bestimmt schon bemerkt: Wir sind Laibchen-Fans!
Diesmal werden Sie mit Ihren Lieblingsflocken und Frühsommer-Gemüse zubereitet.

Für die Getreide-Gemüse-Laibchen
150 g Flocken beliebiger Art
etwas Milch oder vegane Milch
3 Frühlingszwiebeln
2 Knoblauchzehen
1 Stängel Zitronengras
300–400 g Gemüse: Zucchini,
   junge Karotten, Kohlrabi,
   Brokkoli
2 EL Butter
2 TL Leinsamen, geschrotet
3 EL gehackte Kräuter: Petersilie, Oregano, Thymian,
   Basilikum
2 Eier
Chili
Muskatblüte
Steinsalz und Pfeffer, im Mörser
   frisch zerstoßen
optional: Sesam zum Wälzen
Butterschmalz zum Herausbacken
80 g zerkrümelter Schaffrischkäse und Schnittlauchröllchen zum Garnieren

Für die Kirschsauce
50 ml Wasser
1–2 EL Gelierzucker 2:1
2 EL Holundersirup
etwas Zitronenschale
500 g Kirschen, entsteint
Saft von 1/2 Zitrone

Zubereitungszeit • Getreide-Gemüse-Laibchen: 45–60 min (ohne Einweichzeit der Flocken) | Kirschsauce: 30–45 min (mit Entsteinen der Kirschen)

1. Für die Laibchen Flocken in heißer Milch einweichen, sodass diese die Flüssigkeit vollständig aufsaugen (mindestens 30 Minuten). Frühlingszwiebeln, Knoblauch und Zitronengras getrennt fein schneiden. Gemüse putzen und in feine Streifen hobeln. Zwiebelstücke in Butter glasig anschwitzen. Knoblauch, Zitronengras und Gemüsestreifen dazugeben und ein paar Minuten mitrösten.

2. Flocken, Gemüsegemisch, Leinsamen, gehackte Kräuter, Eier und Gewürze vermischen und pikant abschmecken.

3. Mit feuchten Händen Laibchen formen, eventuell in Sesam wälzen und in Butterschmalz beidseitig goldgelb braten. Man kann die Laibchen auch auf ein mit Olivenöl bestrichenes Backblech setzen, mit Olivenöl bestreichen und bei 175 °C im Rohr backen.

4. Die Laibchen mit zerkrümeltem Schaffrischkäse und Schnittlauchröllchen garnieren und mit der Kirschsauce servieren.

5. Für die Kirschsauce Wasser, Zucker, Holundersirup und etwas Zitronenschale zum Kochen bringen. Kirschen hinzufügen und 10–15 Minuten köcheln lassen, bis die Sauce sirupartig ist. Abschließend mit Zitronensaft abschmecken.

Tipps: Nach Belieben können die Laibchen mit Schwammerln, Mozzarella, Käse oder Schinken verfeinert werden. • Die Kirschsauce reicht für 2–3 Mahlzeiten. Sie hält sich im verschlossenen Glas im Kühlschrank ein paar Wochen und passt sehr gut zu Gegrilltem.

BEEREN-TRIFLE

4 TL Amaranthpops

Für die Topfencreme
1/2 reife Banane
1 TL Zitronensaft
250 g Topfen
2 EL Sauerrahm

Für die Beerencreme
90 g weiße Kuvertüre
140 g Beeren, püriert
4 EL Milch oder vegane Milch
optional: 1 EL Orangenlikör

Für die Beerenfülle
250 g Erdbeeren, evtl. halbiert
Melissenblätter zum Garnieren

Zubereitungszeit • 30 min

1. Für die Topfencreme die Banane mit der Gabel fein zerdrücken und mit Zitronensaft beträufeln. Topfen und Sauerrahm daruntermengen.

2. Für die Beerencreme Schokolade in kleine Stücke schneiden und über dem Wasserbad schmelzen. Beeren, Milch und Likör zur Schokomasse geben und alles mit dem Pürierstab homogenisieren.

3. Für die Fertigstellung nun der Reihe nach folgende Schichten in ansprechende Dessertgläser füllen: Zuerst die Topfencreme aufteilen, dann Amaranth-pops darüberstreuen, darauf folgen 2/3 der Erd-beeren, im Anschluss die Beerencreme einfüllen und mit den restlichen Erdbeeren und Melissen-blätter abschließen.

Tipp: Für die Beeren-fülle können Sie statt Erdbeeren natürlich auch andere Beeren der Saison verwenden.

HOLUNDERBLÜTENSAFT
nach Großmutters Art

mind. 28 Holunderblüten,
 je nach Größe (bei kleinen
 Blüten bis zu 40 Stück)
4 l Wasser
120 g Weinsteinsäure
3–4 gewaschene Biozitronen,
 in Scheiben geschnitten
4 kg Rübenzucker

....

Zubereitungszeit • ca. 60 min (ohne
Ziehenlassen an einem kühlen Ort)

Blüten mit Wasser und Zitronenscheiben mindestens 24 Stunden an einem kühlen Ort ziehen lassen. Das Holunderwasser danach abseihen, mit Zucker und Weinsteinsäure aufkochen, noch heiß in Flaschen füllen und gut verschließen.

Tipps: Da der Saft einmal aufgekocht wird, löst sich der Zucker gut auf und die Haltbarkeit wird verlängert – der Sirup hält sich mindestens 1 Jahr! Einsiedehilfe ist daher nicht nötig. • Wenn man den Zucker nur mit einer kleinen Saftmenge aufkocht, damit er sich gut auflöst, und erst später den restlichen Holunderblütensud dazugibt – diesen dann nur noch auf 75 °C erhitzt, bevor man ihn in Flaschen füllt –, bleiben die Inhaltsstoffe großteils erhalten.

JULI

Die Rezepte im Überblick

*Immer mehr Menschen in den „Wohlstandsländern"
leiden unter Depressionen, immer mehr Menschen
befinden sich im Burn-out. Quer durch die Literatur
finden wir zahlreiche Hinweise, dass die Art, wie
wir uns ernähren, massiv zu unserem seelischen
Wohlbefinden beiträgt. Zu viel Fructose, zu viel
schlechtes Billigfett, zu viel Zucker generell und
das gekoppelt mit einem Minimum an Bewegung
(und Begegnung) an der frischen Luft – das hinter-
lässt Spuren.*

*Wenn Sie sich – mit oder ohne Diagnose von Depression
oder Burn-out – etwas Gutes tun möchten, stellen Sie
am besten mit dieser Sekunde Ihre Ernährung um:
Essen Sie viel frisches Gemüse und Kräuter, mäßig
Früchte, null Zucker und genießen Sie kalt gepresste
Öle, Getreide, Hülsenfrüchte. Es können auch etwas
hochwertiges Bio-Fleisch und Milchprodukte, wohl
dosiert, dabei sein. Je nachdem, wie Sie persönlich die
einzelnen Zutaten vertragen. Das ist individuell ganz
unterschiedlich. In jedem Fall ist es aber angesagt,
auf Fertigprodukte aller Art zu verzichten und so
bio wie möglich zu essen.*

*Ernährungsphilosophien und -trends gibt es bei-
nahe wie Sand am Meer. Wir empfehlen in jedem
Fall, individuell auf das Wohlbefinden zu achten:
Tut mir dieses Lebensmittel gut oder nicht?*

GRÜNER SMOOTHIE
mit Malabarspinat

Grüne Smoothies sind in aller Munde. Wir sind sicher, dass sie bald ein breites Publikum finden, denn ihre geballten Wirkstoffe sind unumstritten. Wichtig ist, dass man Smoothies schluckweise und langsam trinkt. Besonders wirkungsvoll ist der Genuss auf nüchternen Magen – ein heißer Sommertag lädt dazu ein. Hier ein Einsteiger-Smoothie, der auch Kindern schmecken kann.

1 Tasse Himbeeren
3 EL Kokosflocken
2 Tassen Sesam- oder
  Reismilch
1 Tasse Malabarspinat
  (Ersatz: Spinat)
1/2 Tasse Gerstengras
3 Zweige Zitronenmelisse
Für Smoothie-Einsteiger:
  1 Banane

Zubereitungszeit • 10 min

Alle Zutaten in einem Blender mit hoher Drehzahl mixen, bis der Smoothie eine wunderbar cremige Konsistenz aufweist.

Gartentipp: Gerstengras lässt sich in kurzer Zeit ganz leicht in einer Blumenkiste kultivieren. Als Samen dient keimfähige Bio-Gerste.

GEGRILLTE ZUCCHINISCHEIBEN
mit Belugalinsensalat und Ziegenfrischkäse

Linsen, insbesondere Belugalinsen, harmonieren wunderbar mit Paradeisern, Basilikum, Kernöl und Frischkäse. Auch lauwarm und kalt – jedoch nicht direkt aus dem Kühlschrank – schmeckt dieses Gericht hervorragend und ist eine feine Alternative für Vegetarier bei Grillfesten.

Für den Belugalinsensalat

250 g trockene Belugalinsen
750 ml Wasser
2 Frühlingszwiebeln
2 EL Apfel-Balsamessig
4 EL Kernöl (Alternative:
   Olivenöl)
1 Prise Rohrübenzucker
1 TL Steinsalz
200 g Cocktailparadeiser
1 TL junges Bohnenkraut,
   fein gehackt
1 EL Schnittknoblauch,
   fein geschnitten

Für die gegrillten Zucchinischeiben

600–750 g junge Zucchini –
   wenn erhältlich in verschiedenen Farben
2–3 Knoblauchzehen, fein
   gehackt
je 1 TL Oregano und Minze
1 Chilischote, fein gehackt
grobes Steinsalz und schwarzer
   Pfeffer, im Mörser zerstoßen
1 EL Olivenöl

Für die Fertigstellung

150–200 g Ziegenfrischkäse
1–2 EL Haselnusskerne
2 Zweige Basilikum

Zubereitungszeit • Belugalinsensalat:
40 min (inkl. Garzeit der Linsen, jedoch
ohne Auskühlzeit) | Zucchinischeiben:
30–40 min (ohne Marinierzeit)

1. Für den Belugalinsensalat die Linsen waschen und ca. 25 Minuten in der 3-fachen Menge Wasser ohne Salz kochen.

2. Frühlingszwiebeln fein hacken. Essig, Öl, Zucker und Salz in einem Häferl gut verrühren. Die lauwarmen Linsen mit Zwiebelstücken und Marinade übergießen und gut durchmischen. Paradeiser waschen, vierteln, mit den Kräutern unter die ausgekühlten Linsen mischen und den Salat abschmecken.

3. Für die gegrillten Zucchinischeiben Zucchini der Länge nach in 6–8 mm dicke Scheiben schneiden und auf ein Backblech legen. Mit fein gehacktem Knoblauch, Oregano, Minze, Chili, Salz und Pfeffer bestreuen und mit Olivenöl beträufeln. Damit die Gewürze gut verteilt sind, die Zucchinischeiben mehrmals wenden, dann 15 Minuten marinieren.

4. Währenddessen Grill und Rost vorheizen. Die Zucchinischeiben auf den Rost legen und auf beiden Seiten ca. 5 Minuten grillen, bis sie hell gebräunt sind. Um ein schönes Grillmuster zu erreichen, werden die Zucchinischeiben nach 2 Minuten um 90° gedreht.

5. Abschließend den Ziegenfrischkäse mit der Gabel in Stücke zerteilen. Die Haselnüsse grob hacken und in der Pfanne etwas anrösten. Das Basilikum grob hacken.

6. Die gegrillten Zucchini auf eine Platte legen, den Linsensalat darauf anrichten und mit Ziegenfrischkäse, Haselnüssen und Basilikum garnieren.

7. Als Beilage passt jede Sorte von Brot.

MARINIERTE HÜHNERSTREIFEN IM CASHEWMANTEL
mit pikanter Stachelbeer-Marillen-Sauce

In der Steiermark ist gebackenes Huhn in Kürbiskernpanier sehr beliebt und auf vielen Speisekarten zu finden. In der Karibik und der Südsee könnte die Interpretation wie nachstehend aussehen. Bei einem feinen Gästeessen mit Freunden kommt beim Genuss dieser Speise Urlaubsstimmung auf.

Für die Marinade
80 ml Sojasauce
1 TL Mascobado (fair gehandelter Vollrohrzucker)
1 EL Sherry
1 EL Sesamöl
1 TL Knoblauch, gehackt
1 TL Ingwer, fein gehackt

....

Für die Hühnerstreifen
3 Hühnerbrüste
80 g Cashewkerne, fein gehackt
100 g Vollkornbrösel
2 EL Petersilie, gehackt
100 g Vollkornmehl, ausgesiebt
1–2 Eier, verquirlt
Butterschmalz zum Herausbacken

....

Für die Stachelbeer-Marillen-Sauce
(für eine Menge von ca. 300 ml)
300 g Stachelbeeren
100 g Marillen
50 g Gelierzucker 2:1
30–80 g Rohrübenzucker
1–2 EL Kren, frisch gerieben
optional: Minze, fein gehackt

....

Zubereitungszeit • Hühnerstreifen im Cashewmantel: 50 min (plus 20 min zum Marinieren – bei Verwendung von ausgelösten Hühnerbrüsten verringert sich die Zubereitungszeit um 10–15 min) | Stachelbeer-Marillen-Sauce: 30 min

1. Für die Marinade alle Zutaten in einem schmalen, hohen Gefäß gut verrühren.

2. Haut und Knochen von den Hühnerbrüsten entfernen, diese kalt abspülen und mit einer Küchenrolle trocken tupfen. Huhn in 1 cm dicke, kleine Filets schneiden und in der Marinade mindestens 20 Minuten marinieren, zwischendurch umdrehen.

3. Fein gehackte Cashewkerne mit Bröseln und gehackter Petersilie mischen. Huhn in ausgesiebtem Mehl, verquirltem Ei und zum Schluss in der Bröselmischung wenden (panieren).

4. Das Huhn bei mittlerer Temperatur in Butterschmalz von beiden Seiten knusprig braun herausbacken, auf einem Küchenpapier abtropfen lassen und mit der Sauce servieren. Als Beilage passt Jasmin- oder Basmatireis besonders gut.

5. Für die Sauce Stachelbeeren kurz aufkochen und durch ein Sieb streichen. Marillen entkernen und vierteln. Stachelbeermus, Marillen, Gelierzucker und Zucker aufkochen und zusammen 5 Minuten kochen lassen. In die überkühlte Masse fein geriebenen Kren und eventuell etwas fein gehackte Minze einrühren.

Tipps: Beim Herausbacken brauchen die Hühnerstreifen nicht zu schwimmen. Es reicht vollkommen, wenn der Pfannenboden 5–7 mm hoch mit Butterschmalz bedeckt ist. • Cashewkerne gibt es auch fair gehandelt zu kaufen. • Die Stachelbeer-Marillen-Sauce reicht für 2 Mahlzeiten. Ohne Zugabe von Kren und Minze hält sich die Sauce, heiß abgefüllt, in Schraubgläsern mindestens 1 Jahr.

BUCHWEIZEN-GEMÜSE-PIZZA

Einer Pizza mit frischem Gemüse und Kräutern kann man kaum widerstehen – vor allem Kinder lieben diese Art von verpacktem Gemüse. Bei der vorliegenden Variante harmonieren der nussige Geschmack von Buchweizenmehl und die reifen, bunten Paradeiser besonders gut.

Für den Teig

120 g Buchweizenmehl
180 g feines Dinkelmehl
3/4 TL Steinsalz
1/2 Würfel Germ
1 TL Rohrübenzucker
ca. 200 ml warmes Wasser
2 EL Olivenöl

Für die Paradeiser-Paprika-Sauce

1 große Zwiebel
3 Knoblauchzehen
1 Chilischote
3 bunte Paprikaschoten
1 großer Fleischparadeiser
1 EL Olivenöl
ca. 50 ml Gemüsebrühe
Steinsalz und Pfeffer, im Mörser
   frisch zerstoßen

Für den Belag

4 Frühlingszwiebeln
400 g Paradeiservielfalt
1 Melanzani
etwas Olivenöl
je 1 TL Thymian und Oregano,
   abgerebelt
Steinsalz
150–200 g Schnittkäse,
   gerieben
Basilikum, grob gehackt

Zubereitungszeit • 60 min (ohne Backzeit im Rohr)

1. Für den Teig Mehle und Salz in einer Rührschüssel gut vermengen. Germ, Zucker und Wasser verrühren und zur Mehlmischung gießen. Mit dem Handmixer mit den Knethaken zu einer Teigkugel verarbeiten, Öl hinzufügen und alles zu einem glatten, mittelfesten Teig verkneten.

2. Den Teig in 8–10 Stücke teilen und zu Kugeln rollen. Die Kugeln mit beölten Fingern flach auseinanderdrücken und auf 2 mit Olivenöl bestrichene Backbleche legen.

3. Für die Sauce Zwiebel und Knoblauch getrennt hacken. Die Samen der Chilischote bei Bedarf entfernen, die Schote ebenfalls hacken. Die Paprikaschoten vom Kerngehäuse befreien, das Grün der Paradeiser entfernen. Beide Gemüse grob in Stücke schneiden.

4. In einem schmalen Topf Zwiebelstücke in Olivenöl hell anrösten. Knoblauch, Chili und Paprikastücke hinzufügen und kurz mitrösten. Anschließend so viel Gemüsebrühe aufgießen, dass das Gemüse gerade bedeckt ist, und 10–15 Minuten köcheln lassen. Dann die Paradeiserstücke hinzufügen, salzen, pfeffern und die Sauce abschließend mit dem Mixstab pürieren und abschmecken.

5. Für den Belag Frühlingszwiebeln in Ringe schneiden und dabei möglichst viel Grün verwenden. Paradeiser in Scheiben schneiden. Melanzani zuerst in 1 cm dicke Scheiben, dann in 1 cm breite Streifen schneiden. Melanzanistreifen in Olivenöl 3–4 Minuten hell anbraten.

6. Die Pizza nun mit der Paradeiser-Paprika-Sauce bestreichen und anschließend in der folgenden Reihenfolge belegen: Thymian und Oregano, Zwiebelringe, Melanzanistreifen und Paradeiserscheiben, anschließend das Gemüse salzen und mit dem geriebenen Schnittkäse bestreuen.

7. Die Pizza im vorgeheizten Rohr auf der untersten Stufe bei 180 °C ca. 20 Minuten backen und vor dem Servieren mit grob gehacktem Basilikum bestreuen.

Organisationstipp: Am aufwändigsten ist die Zubereitung der Paradeiser-Paprika-Sauce, die sich auch als Nudelsauce anbietet. Bereiten Sie deshalb gleich eine größere Menge zu.

Vegane Variante: Ersetzen Sie den Käse durch marinierten Tofu und genießen Sie die vegane Variante. Als Marinade eignet sich jene vom marinierten Huhn im Cashewmantel (siehe Rezept Seite 155). • Wer für den Teig lieber keinen Germ verwenden möchte, kann diesen durch 1 TL Weinsteinbackpulver ersetzen.

GEGRILLTES HÜFERL MIT CHIMICHURRI
und Erdäpfeln in der Salzkruste

Sind Sie auch schon stundenlang am Grill gestanden, um alle Ihre eingeladenen Gäste zu verpflegen? Hätten Sie lieber mehr mit ihnen geplaudert? Ein Stück Fleisch im Ganzen zubereitet, entlastet und schmeckt umwerfend gut. Unentbehrlich ist für dieses Gericht ein Grillthermometer. • Anfang Juli grabe ich meist die ersten Erdäpfel aus. Darunter befinden sich immer viele kleine, aus denen sich ohne Aufwand diese wahre Köstlichkeit zubereiten lässt. Besonders attraktiv wird dieses Gericht mit färbigen Erdäpfeln.

Für das gegrillte Hüferl
ca. 600 g gut abgelegenes
  Hüferschwanzerl
1/2 TL Harissa (Ersatz: „Asian
  fire" aus dem Weltladen)
Steinsalz
je ein Zweig Zitronenthymian
  und Rosmarin
hitzefestes Bratöl zum Angrillen

Für das Chimichurri
4 Knoblauchzehen
1 rote Chilischote ohne Kerne
1/2 Bund Koriander
1/2 Bund Petersilie
4 Zweige Oregano
2–3 EL Rotwein- oder
  Balsamicoessig
8 EL kalt gepresstes Olivenöl
Steinsalz und Pfeffer aus der
  Mühle
optional: ein kleiner roter
  Paprika, fein gewürfelt

**Für die Erdäpfel in
der Salzkruste**
1 kg walnussgroße Erdäpfel
grobes Steinsalz
je 1 EL Krauspetersilie und
  Schnittlauch, gehackt
Erdnussöl für die Form
  (Ersatz: Olivenöl)

Zubereitungszeit • Hüferl: 10 min
(ohne Garzeit am Grill) | Chimichurri:
10–15 min | Erdäpfel in der Salzkruste:
15 min (ohne Garzeit)

1. Für das gegrillte Hüferl das Rindfleisch mit Harissa würzen. Das gewürzte Fleisch in Öl auf einer Gusseisenplatte angrillen, eine Schmalseite bleibt unangebraten. Dann das Rindfleisch salzen, die Nadel des Grillthermometers an der dicksten Stelle hineinstechen und mit den Kräuterzweigen belegen. Anschließend indirekt bei max. 100 °C Niedrigtemperatur grillen. Hat das Fleischstück eine Kerntemperatur von 60–62 °C erreicht, ist es fertig.

2. Für das Chimichurri Knoblauch, Chilischoten und Kräuter grob hacken, anschließend mit den restlichen Zutaten zu einer feinen Creme mixen und abschmecken. Zum Schluss kann man fein gewürfelten Paprika daruntermengen.

3. Die Erdäpfel mit der Gemüsebürste gut waschen, abtrocknen und auf ein mit Erdnussöl bestrichenes Backblech legen. Anschließend mit grobem Steinsalz bestreuen und im vorgeheizten Rohr bei 175 °C 20–25 Minuten garen.

4. Die Erdäpfel vor dem Servieren mit den gehackten Kräutern bestreuen.

Tipp: Die Erdäpfel kann man auch in einer großen Pfanne bei indirekter Hitze am Grill zubereiten.

Vor vielen Jahren lernte ich während eines Urlaubs
in der Normandie diesen Paradeisersalat kennen –
er begeistert mich noch immer.

GEFÜLLTE ERDÄPFEL MIT EIERSCHWAMMERLN
und Paradeisersalat mit Senf-Schlagobers-Dressing

Sobald ich die ersten Schwammerln auf den Märkten erblicke, ergreift mich die Lust zum Schwammerlsuchen. Dann bin ich bei der allerersten Gelegenheit in den Wäldern unterwegs und stundenlang nicht mehr aus diesen herauszubringen. Wenn ein richtiges Schwammerljahr ist, was leider immer seltener vorkommt, muss man sein Speisenrepertoire erweitern, damit keine Langeweile aufkommt. – Hier ein Rezept zum Saisonstart der Eierschwammerl.

Für die gefüllten Erdäpfel

12 festkochende, mittelgroße
  Erdäpfel
150 g Frischkäse
100 g Topfen
1 TL Kurkuma
2 Frühlingszwiebeln, fein
  gehackt
1 Handvoll Erdbeerspinat oder
  junger Mangold, grob gehackt
1 EL Schnittknoblauch
2 EL Kräuter, gehackt
Steinsalz und Pfeffer, im Mörser
  frisch zerstoßen
Olivenöl für die Form
50 g geriebener Hartkäse
  zum Bestreuen

Für die Eierschwammerl

250 g geputzte Eierschwammerl
2 EL Olivenöl
1 Knoblauchzehe, fein gehackt
gehackte Petersilie zum
  Bestreuen
1–2 EL kalt gepresstes Haselnussöl zum Beträufeln

**Für den Paradeisersalat mit
Senf-Schlagobers-Dressing**

600 g Paradeiser in verschiedenen Formen und Farben
1 TL Feigen-Honig-Senf
80–100 ml Schlagobers
1 EL Schnittlauch, fein gehackt
Steinsalz und 1 Prise Pfeffer

Zubereitungszeit • Gefüllte Erdäpfel:
50 min (ohne Dämpfzeit der Erdäpfel) |
Paradeisersalat: 15 min

1. Erdäpfel mit der Schale über Dampf garen, anschließend in der Mitte der Länge nach durchschneiden und aushöhlen. Ausgehöhlte Erdäpfelmasse mit der Gabel zerdrücken, mit Frischkäse, Topfen, Kurkuma, geschnittenen Frühlingszwiebeln, Spinat, Schnittknoblauch und Kräutern vermengen. Mit Salz und Pfeffer abschmecken.

2. Die ausgehöhlten Erdäpfel mit der Masse füllen, in eine mit Olivenöl ausgestrichene Auflaufform setzen und im Rohr bei 175 °C backen. Wenn sich die Oberfläche leicht zu bräunen beginnt, den Käse über die Erdäpfel streuen. Die Erdäpfel so lange weitergaren, bis der Käse die gewünschte Konsistenz (zerflossen bis leicht gebräunt) zeigt.

3. Während die Erdäpfel im Rohr garen, die Eierschwammerl je nach Größe halbieren, vierteln oder in 4 mm dicke Scheiben schneiden. Die Schwammerl bei relativ hoher Hitze in Olivenöl, das auf keinen Fall rauchen darf, anbraten. Kurz vor Bratende den gehackten Knoblauch hinzufügen.

4. Die gebratenen Eierschwammerl mit Petersilie bestreuen, die gefüllten Erdäpfel daraufsetzen und abschließend mit Haselnussöl beträufeln.

5. Für den Paradeisersalat das Grün der Paradeiser entfernen, diese danach je nach Größe in mundgerechte Stücke schneiden: halbieren, vierteln, achteln oder in Scheiben schneiden.

6. Für das Dressing Senf, Schlagobers, gehackten Schnittlauch, Salz und Pfeffer gut verrühren und unmittelbar vor dem Servieren über die Paradeiser gießen.

FROZEN JOGHURT
vom Schaf

Manchmal muss es ganz schnell gehen. Ein Frozen Joghurt lässt sich in nur wenigen Minuten zubereiten, sofern eingefrorene Beeren zur Verfügung stehen. Wer auf seinen Zuckerkonsum achtet, kann die Zuckermenge bei diesem Rezept ausgleichen, indem der Sirup weggelassen und der Fruchtanteil erhöht wird.

500 g Schwarzbeeren
1 TL Aztekisches Süßkraut
   oder Minze
3 EL Honig
2 EL Holundersirup
400 g Schafjoghurt
optional: 1–2 TL kandierter
   Ingwer, fein gehackt

Zubereitungszeit • 10 min
(ohne Einfrierzeiten)

1. Schwarzbeeren für ein paar Stunden tieffrieren, anschließend mit Süßkraut oder Minze, Honig, Holundersirup und Schafjoghurt pürieren. Das Frozen Joghurt nach Bedarf mit Honig nachsüßen, gehackten kandierten Ingwer darunterziehen, die Masse in einen Spritzsack füllen und 10 Minuten einfrieren.

2. Das Frozen Joghurt unmittelbar vor dem Servieren in gekühlte Gläser spritzen und beliebig garnieren – wir haben eine getrocknete Ananasscheibe gewählt, da wir um diese Zeit verschiedene Früchte für die Blindverkostungen in unseren Kursen trocknen.

Tipp: Frozen Joghurt gelingt mit Früchten aller Art und besonders gut in einem leistungsstarken Blender.

KOKOSMILCHREIS
mit Ribisel-Bananen-Sauce

In unserem Garten stehen noch einige Ribiselstöcke meiner Großmutter – sie müssen mittlerweile mindestens 80 Jahre alt sein. Seit wir sie vor ein paar Jahren umgesetzt haben, erfreuen sie sich jugendlicher Frische und tragen jedes Jahr reichlich. Sehr oft werde ich gefragt: Was machst du mit all den Ribiseln? Saft? Und wer trinkt den? • Rohe Ribisel sind eine wahre Vitaminbombe. Deshalb passiere ich sie und verfeinere Puddings, Aufläufe, Soufflés und vieles mehr damit. Zum Süßen püriere ich sehr reife Bananen in die fertige Sauce. Ribisel und Banane harmonieren – Sie werden sich über dieses neue Geschmackserlebnis freuen. • Der Kokosmilchreis im Glas passt in jede Kühltasche und ist eine herrliche Erfrischung, auch bei sommerlichen Outdoor-Aktivitäten.

Für den Kokosmilchreis

100 g Rundkornreis
400 ml Kokosmilch
200 ml Wasser
1 Prise Steinsalz
1 Zweig Zitronenverbene,
  gehackt
30 g Honig

....

Für die Ribisel-Bananen-Sauce

150 ml Ribisel, passiert
1 Banane, zerdrückt
1 TL Bourbon-Vanillezucker
Rohrübenzucker nach
  Geschmack
Ribiseln und Zitronenverbene
  zum Garnieren

....

Zubereitungszeit • Kokosmilchreis:
40 min | Ribisel-Bananen-Sauce:
5 min

1. Für den Kokosmilchreis den Rundkornreis waschen, mit Kokosmilch, Wasser und Salz ca. 30 Minuten bei geringer bis mittlerer Hitze gar ziehen lassen – dabei gelegentlich umrühren, damit der Milchreis nicht ansetzt. Am Ende der Garzeit gehackte Zitronenverbene und Honig hinzufügen und abschmecken.

2. Anschließend den Milchreis max. 2/3 hoch in Schraubgläser füllen.

3. Für die Sauce alle Zutaten gut verrühren und abschmecken. Die Ribisel-Bananen-Sauce über den ausgekühlten Milchreis im Glas gießen und mit Ribiseln und Zitronenverbene garnieren.

AUGUST

VOM FISCH

Fisch ist beliebt. Im Sommer wird er gerne gegrillt, bei uns hat er auch als Füllung in Mini-Fischcalzonen einen tollen Auftritt. Wir verzichten seit vielen Jahren auf Meeresfisch und „Seafood" aller Art. Laut den aktuellen Fischberichten von Greenpeace (es gibt sie online nachzulesen) sind beinahe alle Meeresfischarten vom Aussterben bedroht. Aquakulturen verseuchen ganze Meeresabschnitte mit Medikamenten und sind auch keine Lösung.

Aufmerksam machen möchten wir bei dieser Gelegenheit darauf, dass Millionen Menschen an den Küsten unserer Weltmeere von der Fischerei leben (möchten). 1 % aller Fischfangflotten fängt jedoch mehr als die Hälfte der Fische. So geraten Fischer oft in die Armutsfalle, weil sie – wie David gegen Goliath – gegen modernst ausgestattete Fangflotten und Co keine Chance haben.

Die positive Seite: Es gibt vorzüglichen heimischen Bio-Fisch. Immer mehr heimische Fischereibetriebe stellen auf bio um und verzichten auf Insektizide, Medikamente u.ä. in ihrem Betrieb. Auch das Fischmehl, auf das hier leider nur bei sogenannten Friedfischen wie Karpfen, Weißfisch usw. verzichtet werden kann, stammt zumindest aus der Verarbeitung von Fischen aus Wildfang.

Das ist doch wunderbar. Es gibt köstliche heimische Alternativen wie beispielsweise Saibling, Forelle oder Reinanke. Diese begeistern uns als Sonn- oder Feiertagsgenuss.

Die Rezepte im Überblick

GEGRILLTER TOFU
mit Gurken-Pfirsich-Lassi

Unter den Freiluftköchen und Grillliebhabern gibt es eine steigende Zahl von Vegetariern, die sich über neue Anregungen freuen. Dieses leichte Gericht erfrischt an heißen Sommertagen. Verwenden Sie reife, aromatische Pfirsiche – sie beeinflussen den Geschmack erheblich.

Für den gegrillten Tofu
300 g geräucherter Nusstofu
1 EL Bratöl

....

Für die Marinade
60 ml Sojasauce
1 EL Honig
60 ml Orangensaft
15 ml Sesamöl
1 Knoblauchzehe, ganz fein
  gehackt
1/2 TL Chili, entkernt und
  fein gehackt
1 Prise Galgant
etwas Zitronenschale,
  abgerieben

....

Für das Gurken-Pfirsich-Lassi
2 Pfirsiche
1–2 kleine, junge Freilandgurken
250 g Joghurt natur,
  3.6 % Fettgehalt
3 EL Melissensirup
1 EL Petersilienblätter
1 EL Ringelblumenblüten
Saft von 1/2 Zitrone
Steinsalz und etwas Pfeffer,
  im Mörser frisch zerstoßen
Ringelblumenblüten zum
  Dekorieren

....

Zubereitungszeit • Gegrillter Tofu:
30–40 min | Gurken-Pfirsich-Lassi:
10–15 min

1. Den Tofu in 1 cm dicke Scheiben schneiden und in eine flache Form schlichten, in die die Tofuscheiben von der Größe her gerade hineinpassen.

2. Für die Marinade alle Zutaten gut verrühren, den Tofu damit übergießen und im Kühlschrank 1–2 Stunden marinieren.

3. Anschließend den Tofu abtropfen lassen und auf einer mit Bratöl bestrichenen Gusseisenplatte oder am Grillgitter 2–3 Minuten auf jeder Seite grillen. Das Grillen auf der Gusseisenplatte bringt den Vorteil, dass man den Tofu am Schluss noch mit der restlichen Marinade übergießen kann. Die Platte dann sofort vom Grill nehmen.

4. Die gegrillten Tofustücke halbieren und auf Spieße stecken.

5. Für das Lassi die Pfirsiche kreuzweise einschneiden, mit heißem Wasser überbrühen und schälen. Die Gurken nur bei Bedarf schälen und mit den Pfirsichen in Würfel schneiden.

6. Alle Zutaten in ein schmales, hohes Gefäß geben und mixen. Das Lassi abschmecken, in Gläser füllen und gekühlt mit den warmen Tofuspießen servieren.

Organisationstipp: Lassi und marinierten Tofu kann man sehr gut vorbereiten. Das Grillen des Tofus dauert nur ein paar Minuten.

KAROTTENSALAT
mit Fenchel

Für die Marinade

1 TL frischer Rosmarin
Saft von 1/2 Zitrone
4 EL Apfelsaft
4–5 EL Olivenöl
1 TL Honig oder Rohrüben-
  zucker
Steinsalz und Pfeffer, im Mörser
  frisch zerstoßen

Für den Karottensalat

500 g Karotten, in ver-
  schiedenen Farben
1–2 Fenchelknollen, je nach
  Größe und Belieben
150 g aromatische kleine
  Paradeiser
50–100 g Mizuna oder Rucola
optional: Balsamicoessig

Zubereitungszeit • 45 min
(inkl. Garzeit im Rohr)

1. Für die Marinade alle Zutaten gut verrühren.

2. Das Rohr auf 170 °C vorheizen.

3. Für den Salat die Karotten halbieren und in 4 mm dicke Scheiben schneiden. Die jungen grünen Blätter zur Seite stellen. Den Fenchel je nach Größe sechsteln oder achteln. Karotten- und Fenchelstücke in eine ofenfeste Form geben, mit der Marinade übergießen und im Rohr 20–30 Minuten garen. Das Gemüse darf noch etwas Biss haben.

4. Die Paradeiser halbieren, das Karottengrün putzen und grob hacken. In einer Schüssel gebratenes Gemüse inklusive Bratflüssigkeit mit Mizuna oder Rucola, Karottengrün und Paradeisern vermengen. Abschließend mit Salz und Pfeffer abschmecken und nach Wunsch mit Balsamicoessig beträufeln.

BOHNENSCHOTENSALAT
mit Tofunaise

*Wussten Sie, dass die Spitzen der Bohnenschoten herzstärkend wirken?
Schneiden Sie sie daher nicht weg, auch wenn es zugegebener-
maßen anfänglich gewöhnungsbedürftig ist, diese mitzuessen.*

Für den Bohnenschotensalat

800 g Bohnenschoten
Steinsalz
1 Zwiebel
1–2 Knoblauchzehen
1–2 rote Paprika

Für die Tofunaise

100 g Tofu natur
1 EL Zitronensaft
1 TL Apfelessig
4 EL Oliven- oder Distelöl
1/2 Knoblauchzehe, grob
   gehackt
ca. 1/2 TL Kurkuma
1/2 TL mildes Miso oder
   glutenfreies Miso
Steinsalz

Zubereitungszeit • 30–40 min

1. Bohnenschoten vom hinteren Ende befreien und
   bei Bedarf halbieren, in reichlich Salzwasser bissfest
   garen und kurz mit kaltem Wasser abschrecken.

2. Zwiebel vierteln und in dünne Scheiben schneiden,
   Knoblauch fein hacken. Paprika entkernen, zwei
   Drittel in Streifen oder kleine Würfel schneiden, das
   restliche Drittel fein hacken und für die Tofunaise
   zur Seite stellen. Zwiebelscheiben, Knoblauchwürfel,
   Paprikastreifen und Bohnenschoten vermengen und
   eventuell nachsalzen.

3. Für die Tofunaise den Tofu ca. 10 Minuten in kaltem
   Wasser einweichen, abtropfen lassen – dabei etwas
   Einweichwasser zum Verdünnen zurückbehalten –
   und mit den restlichen Zutaten pürieren. Falls die
   Tofunaise zu dick ist, verdünnen Sie sie nochmals
   mit etwas Einweichwasser.

4. Die vorbereiteten Paprikawürfel untermengen, die
   Tofunaise abschmecken und mit dem Salat vermengen.

Organisationstipp: Die Bohnenschoten können bereits
am Vortag gegart werden.

PAPRIKA UND ZUCCHINI
mit Nektarinenfülle

Gefülltes Gemüse birgt zwei Vorteile in sich: die Verwertung von Resten und Ernteüberschüssen. Lassen Sie bei der Zubereitung der Fülle Ihrer Kreativität freien Lauf. Der Schaffrischkäse lässt sich z.B. durch Schinken oder Faschiertes ersetzen, die Nektarinen durch Äpfel oder Birnen und die Auswahl der Kräuter verleiht dem Gericht Ihre persönliche Note.

500 g Erdäpfel
2–6 Paprika (je nach Größe,
  denn biologische Paprika
  sind oft kleiner)
2–3 junge Zucchini
150 g Nektarinen, Marillen
  oder Pfirsiche
1 Jungzwiebel
3–4 Knoblauchzehen
2 EL Olivenöl
1–2 Chilischoten
150 g Schaffrischkäse
Steinsalz und Pfeffer, im Mörser
  frisch zerstoßen
1 TL Apfel-Balsamessig
2 EL gehackte Kräuter: Petersilie, Oregano, Ringelblumen
optional: je 1 Prise Paprika und
  Galgant
50 ml Weißwein
50 ml Gemüsebrühe
50–80 g würziger Hartkäse,
  gerieben
Olivenöl für die Form
Schnittlauchröllchen und
  Ringelblumen zum Garnieren

··

Zubereitungszeit • 35–45 min
(ohne Garzeiten)

1. Die Erdäpfel über Dampf bissfest garen und nach kurzem Überkühlen mit der Schale in 1 cm große Würfel schneiden.

2. Paprika halbieren, das Kerngehäuse entfernen. Zucchini halbieren, leicht aushöhlen und das ausgehöhlte Fruchtfleisch zur Seite stellen. Nektarinen, Marillen oder Pfirsiche entkernen und in Stücke schneiden. Jungzwiebel und Knoblauch getrennt fein hacken.

3. Eine Pfanne erhitzen, Olivenöl hineingeben und die gehackte Zwiebel glasig andünsten. Knoblauchwürfel und Nektarinen-, Marillen- bzw. Pfirsichstücke dazugeben und kurz mitbraten.

4. Alle weiteren Zutaten (inklusive Zucchinifruchtfleisch) außer Weißwein, Gemüsebrühe und geriebenen Hartkäse hinzufügen, die Hitze etwas zurücknehmen und alles ca. 5 Minuten köcheln lassen.

5. Die Masse abschmecken und in die Paprika- und Zucchinihälften füllen. Diese in eine mit Olivenöl ausgestrichene Auflaufform setzen, mit Wein und Gemüsebrühe angießen und bei 175 °C ca. 25 Minuten garen, bis die Paprika- bzw. Zucchinihälften weich sind und die Füllung eine goldbraune Farbe angenommen hat. Anschließend die Paprika- und Zucchinihälften mit Käse bestreuen und weitere 5 Minuten gratinieren.

6. Mit Schnittlauchröllchen und Ringelblumen bestreut servieren.

POLENTAPIZZA

Mmh!

Immer wieder zeigt sich am Ende unserer Sommer-Kochkurse, dass die Polentapizza jenes Gericht ist, welches unsere Kunden als Erstes nachkochen möchten. Kein Wunder, passt sie sich doch ohne Aufwand den verschiedenen Geschmäckern an und ist gut vorzubereiten.

Für den Teig
900 ml gewässerte Milch oder
    ungewässerte vegane Milch
1/2 TL Suppenwürze
Steinsalz
Muskat
400 ml Polenta (Maisgrieß)

....

Für die Paradeisersauce
750 g frische Paradeiser
Steinsalz und Pfeffer, im Mörser
    frisch zerstoßen
1 TL Rohrübenzucker
1 Melanzani
2 Zwiebeln
1 Zucchini
6 EL Olivenöl
1 Chilischote, fein gehackt
2 Knoblauchzehen, gehackt

....

Für den Belag
Kräuter: Oregano, Rosmarin
    und Salbei, gehackt
1 Beutel Mozzarella, gewürfelt
150 g Schnittkäse, gerieben
Alternativen: 150 g (Roh)Schin-
    ken, Oliven, Mais
Olivenöl für das Backblech

....

Zubereitungszeit • 50 min
(ohne Garzeit)

1. Für den Teig Milch mit Suppenwürze, Salz und Muskat zum Kochen bringen.

2. Polenta einrühren, die Masse ca. 3 Minuten bei geringer Hitze kochen und 5 Minuten auf der ausgeschalteten Herdplatte zugedeckt ausquellen lassen.

3. Für die Paradeisersauce die Paradeiser halbieren, grüne Ansätze entfernen und in einem Sieb mindestens 10 Minuten abtropfen lassen. Dann die Paradeiserhälften würfeln oder pürieren und mit Salz, Pfeffer und Zucker abschmecken. Die abgetropfte Flüssigkeit kann für Suppe, Eintopf oder Smoothie weiterverwendet werden.

4. Die Melanzani in 5 mm dicke Streifen schneiden. Zwiebeln schälen, vierteln und in Scheiben schneiden. Zucchini in 1 cm große Würfel schneiden.

5. Zwiebelscheiben in 1 EL Olivenöl hell anbraten. Weitere 2 EL Olivenöl, Chili und Melanzanistreifen dazugeben, alles 3 Minuten mitbraten, dann salzen und zur Seite stellen. Schließlich Zucchiniwürfel und Knoblauch im restlichen Olivenöl 1–2 Minuten braten und salzen.

6. Die warme Polentamasse max. 1 cm dick auf ein mit Olivenöl ausgestrichenes, tiefes Backblech streichen. Das gelingt am leichtesten mit feuchten Fingern.

7. Paradeisersauce auf der Polentamasse verteilen und mit den gehackten Kräutern bestreuen. Die Polentapizza abschließend mit den restlichen Zutaten belegen und im Rohr bei 175 °C 25–35 Minuten backen, bis der Käse leicht gebräunt ist. Bei Verwendung von Rohschinken wird dieser erst 5 Minuten vor Garende auf die Pizza gelegt.

Organisationstipps: Die Polentamasse kann schon am Vortag zubereitet werden – sie muss jedoch lauwarm in eine Backform bzw. auf ein Backblech gestrichen werden. • Auch das Gemüse kann man vorbereiten und in verschlossenen Gläsern oder Schüsseln im Kühlschrank aufbewahren.

MINI-FISCHCALZONE
mit Haselnusspesto

Im Sommer spielt sich unser Leben großteils im Freien ab und die Mahlzeiten richten sich nicht nach der Uhr. Oft kochen wir erst am Abend und stärken uns zwischendurch mit einem Snack. Und weil wir keine Anhänger von Jausenbroten sind, kommen uns vom Vortag übrig gebliebene Calzonen immer sehr gelegen. Wichtig ist, dass man sie vor dem Verzehr rechtzeitig aus dem Kühlschrank nimmt.

Für den Teig

50 g Weizenvollkornmehl
250 g Weizenmehl, Type 700
1/2 TL Steinsalz
1/2 Würfel Germ
ca. 220 ml warmes Wasser
2–3 EL Olivenöl
Olivenöl für das Backblech

....

Für die Fülle

250 g Forellenfilets
Steinsalz
2 EL Olivenöl
200 g Sommerspinat wie
 Erdbeer- oder Malabarspinat
 (Ersatz: Mangold)
1–2 EL Zitronensaft
1 EL roter Basilikum, gehackt
1 roter Paprika
1 Chilischote, entkernt
2–3 Knoblauchzehen
150 g Topfen
50 g Sauerrahm
bunter Pfeffer, im Mörser frisch
 zerstoßen

....

Für das Haselnusspesto

30 g Haselnusskerne
1/2 Bund Petersilie
1/2 Bund Basilikum
2 Knoblauchzehen
50 g reifer Hartkäse
1/2 TL Honig
Steinsalz
2 EL Wasser
80–100 ml Olivenöl
Pfeffer, im Mörser frisch zerstoßen

....

Zubereitungszeit • Mini-Fischcalzone:
50 min (ohne Garzeit im Rohr) | Hasel-
nusspesto: 25 min

1. Für den Teig die beiden Mehle und Salz in einer Rührschüssel vermengen. Germ in warmem Wasser auflösen, zum Mehl geben und mit dem Mixer mit den Knethaken oder mit den Händen verkneten, bis ein relativ fester Teig entsteht. Wenn notwendig noch etwas Wasser dazugeben. Abschließend das Öl hinzufügen und den Teig so lange kneten, bis er sich von der Schüssel löst – das dauert ca. 3 Minuten. Den Teig vor dem Weiterverarbeiten 30 Minuten rasten lassen.

2. Für die Fülle die Forellenfilets salzen und auf jeder Seite 1–2 Minuten in Olivenöl anbraten, dann die Haut entfernen und den Fisch in Stücke teilen.

3. Spinat in wenig kochendem Wasser zusammenfallen lassen, anschließend gut abtropfen lassen und ausdrücken, sodass er keine Flüssigkeit mehr verliert. Den Spinat nun grob hacken und mit Fischstückchen, Zitronensaft und gehacktem Basilikum vermischen.

4. Paprika, entkernten Chili und Knoblauch fein hacken, mit Topfen und Sauerrahm vermengen und mit Salz und Pfeffer abschmecken.

5. Für die Fertigstellung den Teig 5 mm dick auf einer bemehlten Arbeitsfläche ausrollen. Mit einem runden Ausstecher (z.B. einem Kasnudelausstecher) mit einem Durchmesser von 10 cm Kreise ausstechen und auf die Innenseite des bemehlten Ausstechers legen. Die Topfen-Sauerrahm-Masse aufstreichen – dabei mindestens 2 cm Rand frei lassen. Nun den Rand mit Wasser bestreichen, die Fischmischung auf die Topfen-Sauerrahm-Masse geben, die Teighälften zusammenklappen und gut verschließen. Überschüssigen Teig abstreifen.

6. Mini-Calzonen auf ein beöltes Backblech setzen, 15 Minuten gehen lassen und anschließend im vorgeheizten Rohr bei 180 °C ca. 25 Minuten backen.

7. Für das Haselnusspesto die Nüsse in einer Pfanne ohne Fett unter Rühren anrösten, bis sie duften. Anschließend in ein Geschirrtuch geben und die Schale so gut wie möglich abreiben.

8. Die Nüsse hacken. Petersilie und Basilikum grob hacken. Den Knoblauch hacken und den Käse in kleine Stücke schneiden.

9. Petersilie, Basilikum, Nüsse, Knoblauch, Käse, Honig, Salz, Wasser und 60 ml Olivenöl mit dem Pürierstab fein pürieren. Nach und nach noch so viel Öl darunterrühren, bis eine glatte und cremige Paste entsteht. Abschließend das Pesto mit Salz und Pfeffer abschmecken.

Tipp: Das Pesto hält sich in einem verschlossenen Glas im Kühlschrank mehrere Wochen.

SORRENTINOS (GEFÜLLTE PASTA)
mit Paradeisersauce

Selbstgemachte gefüllte Pasta für Berufstätige? Unmöglich! Stimmt, wenn man ganz auf sich gestellt ist. • Nudeltaschen sind ein Kochevent für die ganze Familie: am besten werden sie an einem freien Tag, am besten am Balkon oder auf der Terrasse, am allerbesten im Garten zubereitet. Und da dieses Vorhaben Suchtpotenzial in sich trägt, schlagen wir vor, mindestens die doppelte Menge zu produzieren.

Für den Nudelteig

250 g Universalmehl, Type 700
150 g feiner Weizengrieß
2–3 Eidotter
1 Prise Steinsalz
etwas Wasser
1 EL Olivenöl
Öl zum Bestreichen der Teigkugel

Für die Fülle

40 g getrocknete Paradeiser,
   in Öl eingelegt
200 g Ricotta
2 EL Kürbiskerne, geröstet und
   grob gehackt
1 EL Thymian, abgerebelt
Steinsalz und Pfeffer, im Mörser
   frisch zerstoßen

Für die Paradeisersauce

750 g große Fleischparadeiser
4 junge Zwiebeln
2 Knoblauchzehen
1/2 Chilischote
1–2 EL Olivenöl
1/2 TL Rohrübenzucker
2 Lorbeerblätter
1 TL Oregano, gehackt
Steinsalz

Zum Servieren

Basilikum und Schnittknoblauch sowie 50–70 g geriebener Parmesan oder Hartkäse
   zum Bestreuen
eventuell etwas Olivenöl zum
   Beträufeln

Zubereitungszeit • Sorrentinos:
90–100 min | Paradeisersauce:
30 min (ohne Garzeit)

1. Für den Nudelteig alle Zutaten vermengen und zu einem glatten Nudelteig kneten – mit der Hand, den Knethaken des Handmixers oder dem Knethaken der Küchenmaschine. Eine Kugel formen, diese mit Öl bestreichen und 2–4 Stunden rasten lassen. Anschließend wird der Teig mit der Nudelmaschine oder händisch ausgerollt und geschnitten.

2. Für die Fülle getrocknete, in Öl eingelegte Paradeiser in kleine Stücke schneiden, mit den weiteren Zutaten vermengen und die Fülle abschmecken.

3. Für die Paradeisersauce die Fleischparadeiser mit kochendem Wasser überbrühen, grünen Ansatz und Haut entfernen und das Fruchtfleisch in Stücke schneiden. Zwiebeln, Knoblauch und Chili (bei Bedarf Kerne entfernen) getrennt fein hacken.

4. Zwiebelwürfel in Olivenöl goldgelb rösten. Knoblauch, Chili und Zucker hinzufügen und kurz mitrösten. Paradeiserstücke, Lorbeerblätter, Oregano und Salz hinzufügen, die Sauce ca. 20 Minuten köcheln lassen und abschmecken.

5. Für die Fertigstellung mit dem Sorrentino-Ausstecher aus dem Teig Kreise ausstechen und in der Mitte ein Löfferl Fülle platzieren. Den Teigrand gut mit Wasser bestreichen, einen zweiten Nudelkreis sorgfältig daraufsetzen und den Rand gut andrücken.

6. In einem Topf mit großem Durchmesser gesalzenes Wasser zum Kochen bringen. Die Sorrentinos sieden lassen, bis sie an der Oberfläche schwimmen. Anschließend gut abtropfen lassen und mit der Sauce servieren. Zum Servieren mit Kräutern und Käse bestreuen, bei Bedarf mit Olivenöl beträufeln.

Tipp: Der Sorrentino-Ausstecher ist ein runder, gezackter Ausstecher mit einem Durchmesser von 6 cm – als Ersatz bietet sich der Ausstecher ohne Löcher für Ischler Kekse an.

PFIRSICH-HIMBEER-SALAT
mit Kräutern und aktivierten Sonnenblumenkernen

60 g Sonnenblumenkerne
400 g Pfirsiche
200 g Himbeeren
2–3 EL Kräuter: Zitronen-
melisse, Pfefferminze,
Spanische Minze, Marokka-
nische Minze, Mojito-Minze,
Zitronenverbene, Lavendel
1/2–1 TL Süßkräuter wie Stevia
oder Aztekisches Süßkraut

Zubereitungszeit • 10–15 min
(ohne Einweichzeit)

1. Die Sonnenblumenkerne über Nacht einweichen, anschließend in einem Sieb abbrausen und abtropfen lassen.

2. Pfirsiche bei Bedarf schälen – dazu kreuzweise einschneiden und mit heißem Wasser übergießen. Pfirsiche in kleine Stücke schneiden, Kräuter fein schneiden. Obst und Kräuter vermengen, mit den aktivierten Sonnenblumenkernen bestreuen und in Gläsern anrichten.

Tipp: Dazu passt sehr gut eine Kugel Vanille-, Schokolade- oder Stracciatellaeis. • Bei aktivierten Sonnenblumenkerne wird der Keimprozess nur in Gang gesetzt, also wieder abgebrochen, bevor die Samen zu Sprossen werden. Geschälte Sonnenblumenkerne haben eine sehr kurze Keimdauer, nämlich 1 1/2 Tage. Wenn man diese Zeit überschreitet, werden die Samen schnell braun und sie schmecken dann auch nicht mehr so gut. Deshalb weichen wir die Kerne über Nacht (max. 8 Stunden) ein, brausen sie gut ab und verwenden sie gleich. Man kann sie gut abgetropft und in einer mit Küchenpapier ausgelegten Glasdose noch 1–2 Tage im Kühlschrank aufbewahren, jedoch nicht länger.

GETROCKNETE PARADEISER UND PAPRIKA

Ab Mitte August beginnen wir mit dem Trocknen von Paprika und Paradeisern, um im Winter unsere Gerichte damit zu verfeinern.

Bei den Paradeisern bieten sich dafür kleinere Sorten (mit ca. 50 g Fruchtgewicht) mit festem Fruchtfleisch an, da diese relativ rasch trocknen. Unsere Lieblingssorte heißt Ruthje. In heißen Sommern kann man es auch mit größeren Sorten wie Pelati versuchen.

Wir schneiden die Paradeiser in der Mitte durch und legen sie mit der Schnittfläche nach oben auf ein Backblech. Während der heißen Tage legen wir die Backbleche draußen, vor direkter Sonneneinstrahlung geschützt, auf. In der Nacht und bei kühlem, regnerischem Wetter kommen sie ins Haus. Dann versuchen wir – so oft wie möglich – die Restwärme in unseren Rohren auszunutzen. Ein weiterer guter Trocknungsplatz ist der luftige Dachboden.

Paprika sind ganz leicht zu trocknen: Nach der Entfernung des Kerngehäuses werden die Schoten in 1 cm breite Streifen geschnitten und wie die Paradeiser getrocknet. Während das Trocknen der Paradeiser – je nach Witterung und Trocknungsart – bis zu 10 Tage dauert, können Paprika schon nach 2–3 Tagen trocken sein. Wichtig ist, dass nur vollständig getrocknete Früchte in Gläser gegeben werden – am besten werden diese zuvor noch 2 Wochen in einer Schachtel gelagert.

Tipp: Man kann sowohl getrocknete Paradeiser als auch getrocknete Paprika mit verschiedenen Kräutern wie Salbei, Rosmarin, Minze oder Thymian und Knoblauch oder Chili verfeinern. Dazu werden sie mit den Kräutern in einem guten, kalt gepressten Öl eingelegt – in diesem Fall muss das Gemüse nicht vollständig trocken sein.

SEPTEMBER

VON DER SCHNELLEN KÜCHE

Sie kennen uns ja nun schon ein wenig – wir sind emsig beim Arbeiten im Garten, Büro, in der Küche, mit den Kindern beim Spielen und sonst noch dort und da. Und wir wollen kochen und frisches, herrliches Essen genießen – wenn es geht: täglich. Da hat auch die schnelle Küche eine wertvolle Bedeutung.

Erfahrungsgemäß bringt der September mit dem Schulbeginn regelmäßig das Thema „schnelle Küche" auf den Tisch. Der bekannte Rhythmus beginnt wieder. Einerseits freut man sich auf die Regelmäßigkeit, andererseits heißt es ab nun verstärkt: planen, organisieren, managen.

Schnelle Küche heißt für uns keineswegs schlechte Küche im Sinne von „Fastfood von der Stange", sondern eben „schnelle Küche". Kurz zusammengefasst seien hier im September aus gegebenem Anlass also noch einmal die wichtigsten Begleiter dafür (Details finden Sie in unseren Einleitungskapiteln):

- *Auch Gemüse und ein Dip dazu sind ein vollwertiges Essen und superschnell im Rohr zubereitet.*

- *Machen Sie mehr und essen Sie 2 Tage davon.*

- *Lassen Sie hungrige Kinder mitarbeiten und vom Gesunden (Nüsse, Obst, Gemüse ...) nebenbei naschen.*

- *Schreiben Sie Ihren persönlichen Wochenplan.*

- *Verwerten Sie alle Reste.*

- *Seien Sie konsequent.*

KNISHES
mit pikanter Zwetschkensauce

Knishes sind ein einfaches und vielseitiges Alltagsgericht aus der jüdischen Küche und erfreuen sich großer Beliebtheit. Ob Streetfood, Zwischenmahlzeit oder Vorspeise, frittiert, gegrillt oder gebacken – Knishes schmecken einfach. Entdecken Sie Ihre Lieblingsvariante. • Ursprünglich bestand die Fülle der Teigtaschen aus Erdäpfeln, gerösteten Zwiebeln und Gewürzen – mittlerweile gibt es viele Varianten, auch solche mit Fleisch. Die Variante mit rotem Paprika schmeckt mir am besten.

Für den Teig

400 g Weizenmehl
100 g Weizenvollkornmehl,
   fein vermahlen
125 g zerlassene Butter oder
   Bio-Margarine
ca. 125 ml heißes Salzwasser

Für die Fülle

600 g Erdäpfel
2 große Zwiebeln
1–2 Knoblauchzehen
1–2 rote Paprika
3–5 EL Olivenöl
3 EL Petersilie, gehackt
1 TL Majoran, gehackt
Steinsalz und Pfeffer, im Mörser
   frisch zerstoßen
Olivenöl zum Bestreichen

Für die pikante
Zwetschkensauce

750 g entkernte Zwetschken,
   klein geschnitten
1 Zwiebel, gehackt
100–120 ml Apfelessig
ca. 150 g Rohrübenzucker
1 TL Steinsalz
Chilischote nach Geschmack
1/3 TL Ingwer, gemahlen
je 1 Prise Nelken, Zimt und
   Kardamom
Saft und etwas Schale von
   1/2 Zitrone
nach Wahl: zerstoßene
   Korianderkörner, Zitronenthymian

Zubereitungszeit • Knishes: 80–90 min
(ohne Rast- und Garzeit der Erdäpfel,
mit Garzeit im Rohr) | Pikante Zwetsch-
kensauce: 15 min (plus 30 min Garzeit)

1. Für den Teig die beiden Mehle mit der zerlassenen Butter oder Margarine vermischen und unter langsamer Beigabe von heißem Salzwasser zu einem glatten Teig verkneten. Den Teig zu einer Kugel formen und in Folie gewickelt 30 Minuten rasten lassen.

2. Für die Fülle Erdäpfel über Dampf garen, schälen und durch die Erdäpfelpresse drücken. Zwiebeln und Knoblauch getrennt fein hacken, Paprika in kleine Würfel schneiden. Zwiebelwürfel in Olivenöl anschwitzen, Knoblauch und Paprika hinzufügen und ein paar Minuten rösten. Erdäpfelmasse, Zwiebel-Paprika-Masse, gehackte Kräuter und Salz vermengen und kräftig mit Pfeffer abschmecken.

3. Anschließend die Teigkugel 3 mm dick ausrollen und Kreise mit einem Durchmesser von 6–8 cm ausstechen. In die Mitte jeweils einen gehäuften Teelöffel Fülle setzen, den Rand mit etwas Wasser bestreichen und den Teig über der Fülle zu einem Säckchen zusammendrücken. Die Knishes mit Olivenöl bestreichen und im vorgeheizten Rohr bei 175 °C ca. 30 Minuten backen. Man kann sie pur oder mit nachstehender Sauce servieren – am besten jedoch lauwarm.

4. Für die Zwetschkensauce alle Zutaten in einem Topf aufkochen und bei mäßiger Hitze so lange köcheln lassen, bis die Masse eingedickt ist – zwischendurch umrühren.

Organisationstipps: Bei diesem Rezept lässt sich viel Zeit einsparen. Der Teig kann schon am Vortag zubereitet und in einem Glasgefäß im Kühlschrank gelagert werden. • Anstatt viele kleine Säckchen herzustellen, teilt man den Teig in 2 Hälften, rollt sie zu Rechtecken aus und stellt 2 lange, schmale Strudel her.

Tipp: Die Zwetschkensauce reicht für mindestens 2 Gerichte. Heiß in Schraubgläser abgefüllt und sofort keimfrei verschlossen, hält sie ein ganzes Jahr.

Hinweis: Wegen des vielen Regens enthielten die zuletzt geernteten Zwetschken wenig Zucker, reiften nicht gut aus und schmeckten eher fad. Deshalb enthält das Rezept relativ viel Zucker. Bei Verwendung von vollreifen, süßen Zwetschken können Sie die Zuckermenge auf jeden Fall halbieren.

PARADEISERSUPPE
mit Gartenmelde-Kaspressknödel

Jeder Zeit ihre Mode, jeder Mode ihre Zeit. Was den Wein anbelangt, sind es zurzeit die Amphorenweine, die im Trend liegen. Meine Liebe gilt dem zweiten Blick – dem vielfältigen und interessanten Einsatz in der Küche. Da eine bereits geöffnete, jedoch gut verschlossene und gekühlte Flasche drei Wochen hält, liegt die Einladung zum Ausprobieren auf der Hand.

Für die Suppe

800 g Fleischparadeiser
  wie z.B. Ochsenherz
1 Zwiebel
2 Knoblauchzehen
1/2 milde Chilischote
1 EL Olivenöl
1/2 TL Rohrübenzucker
50 ml Amphorenwein
  (Ersatz: 30 ml Sherry)
Steinsalz
evtl. Gemüsebrühe zum Verdünnen
fein gehacktes Basilikum zum
  Garnieren

Für die Kaspressknödel

4 Vollkornsemmeln
  (Alternative: 180 g Knödelbrot)
ca. 250 ml handwarme Milch
  oder vegane Milch
2 Eier
1 Zwiebel
1 EL Schnittknoblauch
3–4 EL Gartenmelde
2 mittelgroße Erdäpfel, gekocht
120–150 g Bergkäse
Muskatblüte, gerieben
Steinsalz und Pfeffer, im Mörser
  frisch zerstoßen
Butterschmalz zum Heraus-
  braten

Zubereitungszeit • Suppe: 45 min (inkl. Garzeit) | Kaspressknödel: 50 min

1. Für die Suppe Fleischparadeiser vom grünen Ansatz befreien, grobwürfelig schneiden und sofort in eine Schüssel geben, um den ausgetretenen Saft nicht zu verlieren. Zwiebel und Knoblauch getrennt hacken, Chili von den Samen befreien und fein schneiden.

2. Zwiebelwürfel in Olivenöl hell anrösten, Knoblauch und Chili hinzufügen und kurz mitrösten. Zucker dazugeben, 1 Minute rösten, dann mit dem Wein ab- löschen und Paradeiser und Salz hinzufügen. Die Suppe 20–30 Minuten leicht köcheln lassen, an- schließend pürieren und abschmecken. Wenn Sie die Suppe nicht so dick mögen, verdünnen Sie mit etwas Gemüsebrühe.

3. Für die Kaspressknödel die Vollkornsemmeln klein- würfelig schneiden. 200 ml handwarme Milch mit den Eiern versprudeln, über die Semmelwürfel gießen und 30 Minuten anziehen lassen. Sollte die Masse zu fest sein, noch etwas Milch dazugeben.

4. Zwiebel fein hacken, Schnittknoblauch und Garten- melde fein schneiden. Gekochte Erdäpfel und Käse reiben, mit gehackter Zwiebel, Schnittknoblauch, Gartenmelde und Semmelmischung gut vermischen und mit Salz, Pfeffer und Muskatblüte abschmecken.

5. Aus der Masse mit angefeuchteten Händen kleine Laibchen formen. In einer Pfanne etwas Butter- schmalz erhitzen und die Kaspressknödel auf beiden Seiten goldgelb braten. Vor dem Servieren das Fett mit einer Küchenrolle abtupfen.

Tipp: Sie können statt den Semmeln auch Knödelbrot verwenden, aber richtig gut werden die Knödel meiner Meinung nach nur mit Semmeln, die auch 2–3 Tage alt sein dürfen.

Organisationstipp: Mit einem Salat als Vorspeise ergibt diese Suppe eine vollständige Mahlzeit. Wenn Sie die doppelte Menge der Knödelmasse zubereiten, haben Sie am nächsten Tag mit Gemüse und Pesto ein weiteres Hauptgericht.

STEIRISCHER RINDFLEISCHSALAT
mit konfierten Paradeisern und Käferbohnen

250 g getrocknete Käferbohnen

3–5 Frühlingszwiebeln

3 EL Apfel-Balsamessig

3 EL Kernöl

Steinsalz

3–4 EL Olivenöl

750 g aromatische kleine
Paradeiser

Pfeffer, im Mörser frisch zerstoßen

2 EL Rohrübenzucker

1–2 Knoblauchzehen, fein
gehackt

400 g Rindfleisch (z.B. Brustspitz), gekocht

Schnittlauchröllchen und
frisch geriebener Kren zum
Garnieren

....

Zubereitungszeit • 45 min (ohne Ein-
weich- und Garzeit der Bohnen, ohne
Garzeit der Paradeiser im Rohr)

1. Käferbohnen über Nacht in mindestens 2 l Wasser
   einweichen. Die Bohnen am nächsten Tag in reichlich
   frischem Wasser ohne Salzzugabe weich kochen –
   das dauert ca. 1 Stunde.

2. Frühlingszwiebeln mit Grün fein hacken, 1–2 EL
   Essig, Kernöl und 2 TL Salz in einem Häferl gut verrühren. Die lauwarmen Bohnen mit Zwiebelwürfeln
   und Marinade übergießen, gut durchmischen und
   abschmecken. Den Salat in einer großen flachen
   Salatschüssel mindestens 1 Stunde ziehen lassen.

3. Eine ofenfeste Form mit Olivenöl ausstreichen,
   Paradeiser halbieren und mit der Schnittfläche
   nach oben hineinschlichten. Mit Salz, Pfeffer, Zucker
   und fein gehacktem Knoblauch würzen und mit
   Olivenöl und 1 EL Essig übergießen. Bei 150–170 °C
   im Rohr 30–40 Minuten schmoren. Die Paradeiser
   sollten gebräunt, jedoch nicht zu dunkel werden.

4. Rindfleisch in 3 mm dicke Scheiben schneiden,
   diese bei Bedarf halbieren bzw. vierteln. Paradeiser
   auskühlen lassen, dann mit der Bratflüssigkeit und
   dem Rindfleisch unter die Bohnen mengen. Den Salat
   abschmecken und vor dem Servieren mit Schnittlauch und frisch geriebenem Kren bestreuen.

Organisationstipp: Kochen
Sie gleich eine größere
Menge Rindfleisch – wir lie-
fern Ihnen in diesem Buch
genügend Anregungen für
Rindfleischgerichte. In der
Suppe hält sich das Fleisch
einige Tage im Kühlschrank.

PAELLA
Die steirische Variante

Die schillernden Erzählungen meiner Tante, die mit meinen Großeltern während der Ferien in der Raabklamm auf Krebsfang ging, inspirierten mich zu diesem Gericht. Wenn für besondere Gäste aufgetischt wurde und der Fang nicht für alle reichte, wurden damals die Krebsplatten mit gebratenem Fisch und Gemüse erweitert. Krebse für den Verzehr gibt es in der Raab schon lange nicht mehr – wir ergänzen mittlerweile Fisch mit etwas Fleisch und reichlich Gemüse.

300 ml Dinkelreis
600 ml Wasser
ein paar Fäden Safran
Steinsalz
500 g Gemüse der Saison:
   Paprika, Kürbis, Melanzani ...
5–6 EL Olivenöl
Chilipulver nach Geschmack
2 Knoblauchzehen, gehackt
3–4 EL gehackte Kräuter:
   Estragon, Schnittknoblauch,
   Petersilie
150 g aromatische Cocktailparadeiser, halbiert
Gewürzpaste: 2 Knoblauch-
   zehen, 1 EL Kümmel,
   2 Wacholderbeeren, Pfeffer,
   Steinsalz, Zitronenschale
250 g Schweineschopf
   (2 Schnitzel)
250 g Forellenfilet
etwas Zitronensaft
optional: 2 Knoblauchzehen,
   fein gehackt
Pfeffer, im Mörser frisch zerstoßen

Zubereitungszeit • 50–60 min

1. Safran mindestens 10 Minuten im Reis-Koch-
   wasser einweichen. Dinkelreis waschen, mit dem
   Safranwasser aufkochen, anschließend die Herdplatte auf ein Drittel der Hitze zurückschalten und
   den Reis dünsten, bis sich kleine Löcher an der
   Oberfläche zeigen und das Wasser fast vollständig
   vom Reis aufgesogen wurde. Den Reis noch
   15 Minuten auf der ausgeschalteten Herdplatte
   stehen lassen. Den Dinkelreis nun salzen und warm
   stellen. Wichtig: Dinkelreis wird immer erst nach
   dem Kochen gesalzen.

2. Das Gemüse je nach Gemüseart in Scheiben,
   Streifen oder Würfel schneiden. Das Gemüse sollte
   durch das Anbraten bissfest werden. Eine große
   Pfanne erhitzen, 3 EL Olivenöl hineingeben, Hitze
   reduzieren und das Gemüse mit dem Chilipulver
   unter Wenden anbraten. Gehackten Knoblauch gegen
   Garende hinzufügen und kurz mitbraten, anschließend
   2 EL Kräuter, Cocktailparadeiser und Salz daruntermengen und das Gemüse im Rohr warm stellen.

3. Für die Gewürzpaste alle Zutaten im Mörser fein
   zerstoßen. Fleisch mit der Gewürzpaste gut einrei-
   ben und in etwas Olivenöl auf beiden Seiten anbraten,
   anschließend in Streifen schneiden und im Rohr
   warm halten.

4. Den Fisch mit Zitronensaft beträufeln und salzen,
   in etwas Olivenöl auf beiden Seiten anbraten. Während
   der letzten Minute den Knoblauch dazugeben, dann
   den Fisch in mundgerechte Stücke schneiden.

5. Die Paella wird in einer vorgewärmten Gratinierform
   serviert: Auf dem Reis werden Fleisch, Fisch und
   Gemüse ansprechend verteilt, zum Schluss werden
   die restlichen Kräuter darübergestreut.

Tipp: Ersetzen Sie das Fleisch durch Steinpilze – ein Hochgenuss!

Organisationstipp: Wenn das Anbraten von Fleisch und Fisch zu zeitaufwändig ist, erhöhen Sie den Fleisch- oder Fischanteil und bereiten nur Fleisch bzw. Fisch zu – das Gleiche gilt für die verschiedenen Gemüsesorten. Den Reis können Sie bereits am Vortag kochen, er wird vor dem Belegen mit Fisch, Fleisch und Gemüse zugedeckt im Rohr 10–15 Minuten bei 80 °C aufgewärmt. Auch das Gemüse kann man vorbereiten.

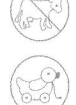

KAMUT-PALATSCHINKEN
mit Pilzen und Kräutercreme

Palatschinken bieten eine gute Möglichkeit, verschiedene Getreidesorten in den täglichen Speiseplan zu integrieren. Denn Abwechslung ist auch beim Getreide angesagt, da jede Sorte Inhaltstoffe – darunter Eiweiß, Mineralstoffe und Spurenelemente – verschiedenster Art bzw. in unterschiedlichen Zusammensetzungen enthält. Für mich harmoniert Kamut besonders gut mit Pilzen – diese Palatschinken schmecken so fein, dass ich die Reste auch mal als Jause mitnehme.

Für die Kamut-Palatschinken mit Pilzen

300 ml Milch oder vegane Milch
200 ml Mineralwasser mit
  Kohlensäure
1/3 TL Steinsalz
2 Eier
250 g Kamut, fein gemahlen
1 EL Erdäpfel- oder Maisstärke
1 EL Leinsamen, fein geschrotet
1 Prise Weinsteinbackpulver
250 g Pilze
2 Knoblauchzehen
Olivenöl
1/2 TL Quendel

Für die Kräutercreme

100 ml Schafjoghurt
1 EL Sauerrahm
je 1 EL Estragon und Petersilie,
  gehackt
Steinsalz und Pfeffer, im Mörser
  frisch zerstoßen

Zur Fertigstellung

200 g aromatische Paradeiser
Steinsalz
Basilikum, in Stücke gerissen

Zubereitungszeit • 45 min

1. Für die Palatschinken aus Milch, Mineralwasser, Salz, Eiern, gemahlenem Kamut, Erdäpfel- oder Maisstärke, Leinsamen und Weinsteinbackpulver einen Palatschinkenteig rühren. Diesen anschließend 20 Minuten rasten lassen.

2. Pilze in 3 mm dicke Scheiben schneiden, Knoblauch getrennt fein hacken.

3. Eine Palatschinkenpfanne erhitzen, etwas Olivenöl hineingeben und eine dünne Schicht Palatschinkenteig eingießen. Diesen nun mit Pilzscheiben belegen und mit etwas Knoblauch und Quendel bestreuen. Sobald die Unterseite goldbraun ist, wird die Palatschinke umgedreht. Sollte das Umdrehen bei der ersten Palatschinke nicht gelingen, legt man einen flachen Teller auf die Palatschinke und kippt sie durch Umdrehen der Pfanne darauf. Die fertigen Palatschinken auf der Pilzseite salzen und im Rohr warm halten.

4. Für die Kräutercreme alle Zutaten verrühren und abschmecken.

5. Abschließend Paradeiser in kleine Stücke schneiden und salzen.

6. Die Palatschinken auf Tellern anrichten, in die Mitte ein Löfferl Kräutercreme setzen und mit Paradeisern und Basilikum garnieren.

SÜSSER KÜRBISPUDDING

Unser Feigenbaum beschert uns von Jahr zu Jahr eine größere Ernte. Mittlerweile trägt er so viele Früchte, dass wir sie auch trocknen können. Am liebsten genießen wir jedoch die frischen Feigen: roh, im Porridge, in Smoothies und Nachspeisen. Die Früchte sind so süß, dass man auf die Zugabe von Zucker gänzlich verzichten kann. Im kommenden Jahr ist ein weiterer Feigenbaum so weit, um Früchte tragen zu können – wir freuen uns auf den Feigenhimmel.

ca. 400 g Kürbis
3–5 reife Feigen
250 g Seidentofu
250 ml Reismilch
2 EL Mandelmus
1 Vanilleschote, ausgekratzt
  oder 1/2 TL Vanillepulver
1/2 TL Zimt, gemahlen
Ingwerpulver und geriebene
  Muskatnuss nach Geschmack
2 EL Chia-Samen, frisch
  gemahlen

....

Zubereitungszeit • 30–40 min

1. Kürbis in Stücke schneiden, über Dampf garen, gut abtropfen lassen und mit den Feigen pürieren. Die restlichen Zutaten mit dem Schneebesen unterziehen und den Pudding abschmecken.

2. Den Kürbispudding in Gläser füllen und vor dem Servieren ein paar Stunden kühlen.

GEMÜSEVORRAT
für den Winter

Während des Sommers werden die verschiedensten Früchte von Maibeere bis Stachelbeere zu Marmeladen, Musen, Röstern, Chutneys und Relishes verarbeitet. Anschließend kommt das Gemüse an die Reihe. Auch wenn es arbeitsintensiv ist – wenn wir nach getaner Arbeit unsere Gläser in den Vorratsschrank stellen, kommt große Freude und Zufriedenheit auf: Unser Konserviertes kommt gänzlich ohne Zusatzstoffe aus und wird unseren Speisezettel während des Winters bereichern.

Ketchup

6 kg reife, große Paradeiser –
  am besten Fleischparadeiser
3–4 große Zwiebeln
3 bunte Paprika
1–2 Chilischoten
5 Knoblauchzehen
150–200 g Rohrübenzucker
200–250 ml Apfelessig
2 EL Steinsalz
1 EL Paprikapulver, am besten
  geräuchertes
1 EL Senfkörner, gemahlen
5 Lorbeerblätter
1 Zimtstange
8 Nelken
1 TL Pfefferkörner
1 TL Pimentkörner

Zubereitungszeit • mindestens 2 1/2 h

1. Die Paradeiser überbrühen, die Haut abziehen, die Früchte grob hacken und in einem Sieb abtropfen lassen. Die Abtropfflüssigkeit zum Kochen verwenden.

2. Zwiebeln grob hacken, Paprika und Chili entkernen und hacken, Knoblauch fein hacken und gemeinsam mit den Paradeisern bei schwacher Hitze ca. 30 Minuten kochen. Das Gemüse pürieren und bei Bedarf durch ein Sieb streichen.

3. Das Paradeiserpüree mit Zucker, Essig, Salz, Paprika- und Senfpulver würzen. Lorbeerblätter, Zimt, Nelken, Pfeffer- und Pimentkörner in ein kleines Tuch geben und gut zusammenbinden. Das Gewürzsackerl in das Paradeiserpüree hängen. Das Ketchup 1 1/2 bis 2 Stunden leicht köcheln lassen und zwischendurch immer wieder umrühren. Wenn die Masse die gewünschte Konsistenz hat, das Gewürzsackerl herausnehmen. Sollte der Würzgeschmack bereits z.B. nach 30 Minuten passen, wird das Gewürzsackerl früher herausgenommen.

4. Das fertige Ketchup in sterile Gläser füllen, diese gut verschließen und eventuell noch 5 Minuten im Dampfgarer (oder im Wasserbad im Rohr) bei 90 °C sterilisieren.

Variation: Ketchup auf fernöstliche Art – dem Gewürzsackerl 30–50 g frischen Ingwer, Currykraut und mehrere Chilischoten hinzufügen, zum Schluss 100 ml Sojasauce zum Ketchup geben und alles kurz verkochen.

Gemüsesugo

Für ca. 5 Gläser à 250 ml

2–3 Zwiebeln
5 Knoblauchzehen
1–2 Chilischoten
50 ml Olivenöl zum Anbraten
optional: 100 g Paradeisermark
4 Lorbeerblätter
300 g bunte Paprika
300 g Zucchini oder Kürbis
200 g Wurzelgemüse
1 kg Paradeiser
100 ml Weißwein oder
  Gemüsebrühe
Steinsalz
Kräuter (frisch oder getrocknet): Thymian, Oregano,
  Schnittknoblauch
30–50 g Rohrübenzucker
Pfeffer, im Mörser frisch
  zerstoßen

Zubereitungszeit • mindestens 90 min

1. Zwiebeln klein schneiden, Knoblauch und Chili fein hacken und gemeinsam in Öl hell anschwitzen. Nach Geschmack Paradeisermark dazugeben und mit den Lorbeerblättern kurz durchrösten.

2. Paprika und Zucchini oder Kürbis würfelig schneiden, Wurzelgemüse kleinwürfelig schneiden, Paradeiser bei Bedarf schälen und grob zerkleinern. Gemüse, Weißwein oder Gemüsebrühe und Salz zu den Zwiebeln geben und alles ca. 30 Minuten unter gelegentlichem Rühren bei mäßiger Hitze einkochen. Kurz vor Garende die Kräuter dazugeben. Das Gemüsesugo abschmecken, in vorbereitete Gläser füllen und im Dampfgarer (oder im Wasserbad im Backrohr) 10 Minuten bei 90 °C einkochen.

Variation: Sollte das Sugo zu dünnflüssig sein, kann man es mit einem rohen, geriebenen Erdapfel eindicken.

Suppenwürze

1 kg Gemüse: Karotten, Pastinaken, Petersilienwurzeln, Stangen- und Wurzelsellerie, Lauch, ein paar Paradeiser, Paprika
2 Zwiebeln
30–50 g Knoblauch
50–100 g Kräuter nach Wahl
5–8 Lorbeerblätter
1 TL Korianderkörner
1/2 TL Pfefferkörner
1/2 TL Muskatnuss, gemahlen
1 EL Kurkuma
300–400 g Steinsalz

1. Gemüse waschen, putzen und gut trocknen. Zwiebeln und Knoblauch schälen. Alles mit dem feinsten Einsatz einer Küchenmaschine bzw. in einem guten Blender zerkleinern oder händisch fein reiben bzw. hacken. Die frischen Kräuter ebenfalls fein hacken. Die Gewürze bis auf die Kurkuma in einer Mühle – z.B. in einer Kaffeemühle – reiben. Gemüsebrei, Kräuter, Gewürze mit Kurkuma und Salz gut vermischen. Die Suppenwürze in kleine saubere Gläser füllen, festdrücken und verschließen – kühl aufbewahrt hält sich die Würze einige Monate.

2. Man kann die Suppenwürze auch trocknen, in diesem Fall kann man die Salzmenge auf 200 g reduzieren. Dazu die Masse auf Backbleche dünn aufstreichen und bei heißem Wetter draußen (ohne direkte Sonneneinstrahlung), ansonsten bei kleinster Hitze im Rohr trocknen. Das Rohr nach 2–3 Stunden Trocknung für ein paar Stunden ausschalten. Durch das Trocknen sammelt sich viel Flüssigkeit an, die sich an der Tür anlegt und schließlich aus dem Rohr rinnt. Deshalb muss man die Türe zwischendurch immer wieder abwischen. Die Gemüsewürze zwischendurch wenden und auflockern. Der Trocknungsprozess dauert mehrere Tage.

3. Um ein feines Pulver zu erhalten, wird die Suppenwürze nach dem vollständigen Trocknen in einer Gewürzmühle oder einem starken Blender gemahlen.

BIO AUS ÜBERZEUGUNG

Immer wieder begegnen wir Menschen, die gegenüber der biologischen Landwirtschaft kritisch eingestellt sind. So hören wir nicht selten Meinungen wie: „Die Biobauern spritzen ja auch, Biobauern spritzen heimlich in der Nacht" oder: „Die Biobauern bringen die konventionellen Bauern um". Oft wird auch kritisiert, dass Bioprodukte mehr kosten und für viele Menschen nicht leistbar sind. Lesen Sie dazu in unseren Einleitungskapiteln über Möglichkeiten, den Einkauf finanziell zu optimieren (Stichwort „Wochenplanung") und alle Reste zu verwerten.

Diese und alle anderen kritischen Meinungen widerlegen wir gerne: Wir haben in Österreich sehr strenge Biokontrollen (auch wir als Kochschule *Grünes Zebra* sind im Vollsortiment bio-zertifiziert). Biobauern verwenden keine Kunstdünger oder giftigen Spritzmittel. So müssen sie sich auch intensiv mit der Natur auseinandersetzen und Lösungen für z.B. Unkraut- und Schädlingsbekämpfung finden, die umweltverträglich sind. Das heißt, sie müssen sich anstrengen und ein gewisse Portion an Liebe mitbringen, um erfolgreich sein zu können.

„Schwarze Schafe" gibt es wohl in jedem Wirtschaftsbereich. Dabei wundert uns vor allem, dass die Angriffe auf Biobauern recht heftig ausfallen, während die konventionelle Nahrungsmittelindustrie nach Skandalen oft mit dem Satz wegkommt: „Es ist ja heute schon egal, was man isst. Wir wissen ja eh schon nicht mehr, was man überhaupt noch essen darf oder was wo zugesetzt wird ..."

Wir haben die besten Erfahrungen mit den Biobauern aus unserer Region gemacht und können aus voller Überzeugung von höchster Qualität und bestem Geschmack von Obst, Gemüse, Getreide, Milch- und Fleischprodukten sprechen. Deshalb möchten wir an dieser Stelle neben Herrn Geiregger auch unseren Biobauern Walter Scharler vorstellen, welcher uns vor allem im Winter mit Sortenvielfalt versorgt.

Walter Scharler: konsequent, charismatisch, beispielhaft!

Seit 1989 bewirtschaftet der Arche Noah Vielfalter-Bauer Walter Scharler seinen Hof in der Oststeiermark (Gemeinde Hofstätten) nach den Richtlinien des organisch-biologischen Landbaus. Sein Betriebsschwerpunkt liegt in der Direktvermarktung. Er vermarktet Getreide, Getreideprodukte, Gemüse nach Jahreszeit, Öle, Obst und Fruchtsäfte, Freilandeier und Rindfleisch aus Mutterkuhhaltung. Bei der biologischen Bewirtschaftung geht Walter Scharler weit über die „Einhaltung von Bio-Richtlinien" hinaus:

In der Zeit seines Wirtschaftens hat er Pionierarbeit geleistet: Er hat maßgeblich dazu beigetragen, dass Gemüseraritäten unter den Konsumenten und Bauern in der Oststeiermark und weit darüber hinaus bekannt und äußerst beliebt wurden.

Seine Liebe zu jedem einzelnen Paradeiser, jedem Paprika und allen anderen Pflanzen war und ist ansteckend. Seine konsequente Haltung und sein Wissen über den Bioanbau spürt man,

wenn man die Gelegenheit hat, mit Walter Scharler über die Notwendigkeit einer großen Wende
in unserem (Konsum)Verhalten zu sprechen.

Walter spricht mit den Menschen in seinem
Umfeld über „Paradeiser, die aus dem Paradies kommen" – als Pendant zu den „Tomaten
aus Spanien", die nicht mehr als schnittfestes
Wasser sind und nach „nichts" schmecken, und
lässt seine Kunden an seinem Erfahrungsschatz
teilhaben. So erfahren viele von Walter Scharlers
Kunden Wissenswertes über die globalen Zu-
sammenhänge vom regionalen Bioeinkauf nach
Saison.

Walter Scharlers Bewunderung und Begeiste-
rung für alle Gemüse führt auch dazu, dass sein
Marktstand in Gleisdorf in Bezug auf Buntheit,
Schönheit und Vielfalt unter den Ständen immer
hervorragt – auch wenn es einmal ein schwieriges
(Ernte)Jahr sein sollte.

Der unbeschreiblich gute Geschmack von
frischem Biogemüse zieht unzählige Menschen,
viele davon treue Stammkunden, an Walter
Scharlers Marktstand. So muss man an den
Markttagen für manche Rarität schon früh
aufstehen, damit man Asia-Salate oder Rüben,
Pastinaken oder herrliche Ochsenherz-Paradei-
ser „ergattert". Es gibt ja schließlich auch nur
das, was bei Walter Scharler persönlich am
Feld wächst. Nichts wird zugekauft. Das ist
nicht selbstverständlich.

Einmal im Jahr findet ein Pflanzenmarkt und
-fest am Hof des beliebten Biobauern statt. Hier
kann man beobachten, dass die Menschen aus
allen Winkeln Österreichs in Scharen kommen
und nach einem außergewöhnlichen Fest mit
Kisten voll Pflanzen nach Hause fahren – Aus-
tausch unter Gleichgesinnten inklusive.

Walter Scharler definiert die Zukunft in
Bezug auf Nahrungssicherheit ganz klar:
Biologische Landwirtschaft ist die einzig
mögliche Lösung.

Lieber Walter, mit deinem Gemüse gehen uns die
Ideen niemals aus. Danke!

OKTOBER

Die Rezepte im Überblick

Zu bestimmten Jahreszeiten schenkt einem die Natur besonders viel.

Oft so viel, dass man sich im ersten Moment freut, aber nach dem anfänglichen Jubel überfordert ist: Wer soll das alles und immer wieder das Gleiche essen? Wenn man keinen eigenen Garten hat, aber saisonal das Marktangebot bezieht, fragt man sich nach der dritten Kürbiscremesuppe auch: Und was mache ich nun noch alles daraus? Ich will Abwechslung.

Für Vielfalt ist gesorgt, wenn man in der Nähe einen Bauern hat, der Vielfalt anbaut. Sortenvielfalt bietet uns verschiedene Möglichkeiten – das haben wir bereits bei den Paradeisern erfahren: Manche lassen sich füllen (wie beispielsweise Red Stuffer), andere schmecken am besten im Salat oder in einer Salsa. Beim Kürbis ist es ähnlich: Es muss nicht ausschließlich Hokkaido sein, auch der Lange von Neapel, Butternuss oder Muscade de Provence sind feine Speisekürbisse. Jeder Kürbis hat seine Vorzüge. Mit ein bisschen Erfahrung kann man die Sortenvielfalt nutzen, um seinen Speiseplan vielfältig zu entwerfen.

Finden Sie im folgenden Kapitel neue Ideen für das beliebte Herbst- und Wintergemüse.

HIRSEWAFFELN
mit Birnen-Trauben-Kompott

Der Genuss von Waffeln erweckt in mir Sonntagsgefühle aus der Kindheit. Wenn sich Gäste mit Kindern zum Frühstück ankündigen, ist mein heißer Tipp für Sie: Ran ans Waffeleisen! Viele Kinder lieben Waffeln und Eltern freuen sich über diese wertvolle Rezeptalternative. • Waffeln sind gewöhnlich Zucker- und Fettbomben. Bei unseren Hirsewaffeln darf man jedoch ruhig einmal über die Stränge schlagen, denn sie sind ein gesundes und leichtes Essvergnügen. • Die Beilage richtet sich wie immer nach der Saison: im Juni passt eine Erdbeersauce, im Juli Himbeerpüree, im August Heidelbeer-Pfirsich-Gazpacho, im September Feigen-Trauben-Salat. Sollten die Kinder schwer für Obst zu begeistern sein, bietet sich ein zarter Strahl Ahornsirup als Alternative an.

Für 2–4 Personen

Für die Hirsewaffeln
85 g Hirse
250 ml Milch oder vegane Milch
2 Eier
2–3 EL Dinkelvollkornmehl
  oder glutenfreies Mehl
1 TL Weinsteinbackpulver
1 EL Rohrübenzucker
1 EL Bourbon-Vanillezucker
2 Prisen Steinsalz
Bratöl zum Herausbacken
optional: Staubzucker zum
  Bestreuen

Für das Birnen-Trauben-Kompott
4 Birnen
etwas Saft und Schale von
  1 Zitrone
1 EL Bourbon-Vanillezucker
1/3 Zimtstange
100 g Isabella-Trauben,
  abgerebelt
Honig nach Geschmack
optional: 2 Msp. Tonkabohne,
  frisch gerieben

Zubereitungszeit • Hirsewaffeln:
45 min | Birnen-Trauben-Kompott:
20 min

1. Für die Waffeln die Hirse zur Entbitterung mit ca. 80 °C heißem Wasser übergießen und abtropfen lassen. Die schnellste Variante hierfür ist, erhitztes Wasser aus dem Wasserkocher über die Hirse zu gießen. Danach die Hirse mit der Milch aufkochen, ein paar Minuten bei geringer Hitze köcheln lassen und anschließend bei geschlossenem Deckel auf der Herdplatte ausdünsten lassen.

2. Die Eier trennen. Eidotter mit Mehl, Backpulver, Zucker, Vanillezucker und 1 Prise Salz kräftig mit dem Kochlöffel oder mit dem Mixer unter die Hirsemasse rühren. Das Eiklar mit 1 Prise Salz steif schlagen und mit der Teigkarte unter die Hirse heben.

3. Das vorgeheizte Waffeleisen mit Öl bepinseln, den Waffelteig portionsweise einfüllen, das Eisen zuklappen und die Waffeln etwa 2–3 Minuten knusprig ausbacken.

4. Die Waffeln nach Wunsch vor dem Servieren mit Staubzucker bestreuen und mit dem Kompott servieren.

5. Die Birnen bei Bedarf schälen, entkernen und in ca. 1 cm große Würfel schneiden. Die Birnenwürfel anschließend in einem Kochtopf mit Zitronensaft und -schale, Vanillezucker und Zimtstange vermengen und so viel Wasser angießen, dass die Birnen gerade bedeckt sind. Die Birnen zum Kochen bringen, danach ca. 3 Minuten bei mäßiger Hitze ziehen lassen – die Birnen sollen bissfest bleiben.

6. Trauben halbieren, bei Bedarf entkernen und zum heißen Kompott geben. Das Kompott abschließend mit Honig und Tonkabohne abschmecken.

Organisationstipps: Wird die Hirsemasse am Vortag zubereitet, reduziert sich die Zubereitungszeit um 20 Minuten. • Wenn Sie es sehr eilig haben, gelingen die Hirsewaffeln auch mit „ganzen" Eiern anstelle der Trennung von Eidotter und Eiklar (für den Schnee).

KÜRBIS-KASTANIEN-SUPPE

In den oststeirischen Wäldern wachsen noch viele Edelkastanienbäume. Die Früchte sind zwar nicht so groß wie Maroni, aber sehr schmackhaft. Bringen Sie von Ihrem nächsten Herbstausflug ein Sackerl voll mit nach Hause. Mit einem Einschnitt versehen verteilen Sie die Kastanien auf einem Backblech, befeuchten sie mit ein paar Spritzern Wasser und braten sie ca. 30 Minuten bei 180 °C im Rohr. Da die Augen oft größer als der Magen sind, bleiben meist welche übrig – die landen am nächsten Tag in der Kürbissuppe.

800–1000 g Kürbis mit
   orangem Fruchtfleisch
1 mittelgroße Zwiebel
2 Knoblauchzehen
1 EL Olivenöl oder Bio-
   Margarine
1 TL schwarze Senfsamen
1 Wacholderbeere
800–1000 ml Gemüsebrühe
1 Prise Piment
Steinsalz und Pfeffer,
   im Mörser frisch zerstoßen
1 EL Mandelmus
100–150 Kastanien, gekocht
   oder gebraten und geschält
fein geschnittener Schnittlauch
   oder Petersilie und gehackte
   Kürbiskerne zum Garnieren

Zubereitungszeit • 30–45 min

1. Das Kürbisfruchtfleisch in Würfel schneiden, Zwiebel und Knoblauch getrennt hacken.

2. Zwiebel in Öl oder Margarine goldgelb anrösten. Senfsamen, Wacholderbeere und Knoblauch bei mäßiger Hitze mitrösten, bis die Gewürze zu duften beginnen. Kürbiswürfel dazugeben und mit so viel Gemüsebrühe aufgießen, bis das Gemüse gerade bedeckt ist. Piment, Salz und Pfeffer hinzufügen.

3. Das Gemüse weich kochen und anschließend gemeinsam mit dem Mandelmus mixen, bis eine cremige Suppe entstanden ist. Die Suppe bei Bedarf mit Wasser verlängern und abschmecken.

4. Die Kastanien in Scheiben schneiden und in die Suppe geben. Die Suppe mit Schnittlauch oder Petersilie sowie gehackten Kürbiskernen bestreut servieren.

Tipp: Aufgepasst – das Schälen der Kastanien sollte man sofort nach dem Braten oder Kochen erledigen, sonst wird es mühsam.

KÄFERBOHNEN-RUCOLA-SALAT

Was würden Steirer ins Paradies mitnehmen? Bestimmt Käferbohnen und Kürbiskernöl. Auch für Fleischtiger macht dieser Salat die Brettljause komplett.

250 g getrocknete Käferbohnen
4–6 EL Kürbiskernöl
2 EL Apfel-Balsamessig
ca. 5 EL Wasser
min. 1 EL Steinsalz
1 rote Zwiebel
200 g Rucola

Zubereitungszeit • 15 min (ohne Einweich- und Garzeit der Bohnen, ohne Durchziehen der Bohnen)

1. Käferbohnen über Nacht in 2 l Wasser einweichen. Frisches Wasser zum Kochen bringen, die Bohnen ohne Zugabe von Salz ca. 1 Stunde weich garen und danach in einem Sieb abtropfen lassen. Die Marinade wird noch über die lauwarmen Bohnen gegossen.

2. Für die Marinade Kürbiskernöl, Essig, ca. 5 EL Wasser und mindestens 1 EL Salz gut verquirlen. Die Zwiebel in Ringe schneiden. Die lauwarmen Bohnen, Zwiebelringe und Marinade gut vermengen und den Salat 1 Stunde ziehen lassen.

3. Die Bohnen vor dem Servieren mit den Rucolablättern vermengen und den Salat nochmals abschmecken.

Tipp: Der Anteil von Bohnen und Rucola ist beliebig variierbar. Wird der Salat als Hauptbestandteil einer Jause gereicht, ist der Bohnenanteil höher, dient er als Beilage zu einem deftigen Gericht, ist der Rucolaanteil größer.

Erdäpfel-Gröstl mit Forellenfil

Erdäpfel-Gröstl mit Rindfleisch

ERDÄPFEL-VIELFALTS-GRÖSTL
mit Paprika

Ursprünglich war das Gröstl bei uns ein Restlessen: mit Zwiebelwürfeln erneut angebraten erhielten Nudel-, Gemüse-, Fleisch- und Getreidereste ihren zweiten Auftritt. Durch seine Anpassungsfähigkeit an die verschiedenen Lieblingsgeschmäcker entstand bei mir zu Hause ein eigenständiges Gericht, das ich mit frischen Zutaten aufwerte. • Fischgröstl ist garantiert gästetauglich – vorausgesetzt, Sie verwerten keinen Fischrest von vorgestern.

1 kg Erdäpfel in verschiedenen Farben
3 Zwiebeln
2 Knoblauchzehen
250 g färbige Paprika
1 Bund Petersilie
5–7 EL Erdnussöl
1/2 TL frische Rosmarinnadeln
Steinsalz und Pfeffer, im Mörser frisch zerstoßen
1 Handvoll Linsensprossen zum Bestreuen

Für die 1. Variante
250 g gekochtes Rindfleisch

Für die 2. Variante
300 g Filet von der Forelle
etwas Zitronensaft
Steinsalz
etwas Mehl
Erdnussöl zum Anbraten

Zubereitungszeit • 40–70 min
(je nach Variante)

1. Erdäpfel mit der Schale über Dampf garen, währenddessen das Gemüse getrennt vorbereiten. Zwiebeln in Ringe schneiden, Knoblauch fein hacken, Paprika in Streifen oder kleine Würfel schneiden und Petersilie fein hacken. Die fertig gegarten Erdäpfel schälen und in 5 mm dicke Scheiben schneiden.

2. Zwiebelringe in 2 EL Erdnussöl bei mäßiger Hitze hell anbraten. Knoblauch, Paprika und Rosmarin dazugeben, von allen Seiten gut anbraten, aus der Pfanne heben und im Rohr warm halten.

3. Die Erdäpfelscheiben im restlichen Erdnussöl knusprig anbraten, mit der Paprika-Zwiebel-Mischung und Petersilie vermengen und mit Salz und Pfeffer kräftig abschmecken. Das Gröstl vor dem Servieren mit den Linsensprossen garnieren.

4. Für die 1. Variante das Rindfleisch in 3 mm dicke Scheiben schneiden, diese je nach Größe halbieren oder vierteln und gemeinsam mit den Erdäpfeln anbraten.

5. Für die 2. Variante die Forellenfilets kalt abspülen, trocken tupfen und mit einer Pinzette die Gräten entfernen. Den Fisch mit etwas Zitronensaft beträufeln und salzen, auf der Hautseite in Mehl tauchen und in Erdnussöl zuerst auf der Hautseite, dann auf der Rückseite anbraten – maximal 3 Minuten auf jeder Seite. Die Filets anschließend in 3–4 cm breite Streifen schneiden und auf dem fertigen Gröstl dekorativ anrichten.

Tipp: Sie dürfen für dieses Gericht trotzdem ruhig Ihre übrig gebliebenen Nudeln sowie das Suppenfleisch verwenden. Dann gibt es das Gröstl natürlich an Ihrem Restltag.

Vegane Variante: Lassen Sie Fleisch bzw. Fisch weg.

KÜRBISNUGGETS
mit leichter Paradeisermayonnaise

Ich habe es schon so oft erlebt und wundere mich noch immer: Sobald sich Gemüse unter einer Panier verbirgt, übt es eine unwiderstehliche Anziehungskraft aus. In Kombination mit dem Dip ziehen die Kürbisnuggets bei Fleischessern beinahe mit dem Wiener Schnitzel gleich. Achten Sie auf jeden Fall darauf, dass Sie einen aromatischen Kürbis mit orangem Fruchtfleisch verwenden. Bewährte Sorten sind Muscade de Provence, Ungarischer Blauer, Longue de Nice, um nur einige Sorten zu nennen. • Mit dem Rezept möchten wir eine interessante Hülle vorstellen, die auch gut zu Zucchini passt.

Für die Kürbisnuggets
800 g Kürbis mit orangem
  Fruchtfleisch

....

Für die Panier
80 g Brösel
je 1 TL Thymian und Petersilie
etwas Zitronenschale,
  fein gerieben
etwas Chili
40 g Kürbiskerne
2 Eier
Steinsalz
50 g Dinkelmehl
Butterschmalz oder Bratöl
  zum Backen

....

Für die leichte Paradeiser-
mayonnaise
80 ml Mayonnaise (siehe Basis-
  rezept auf dieser Seite)
120 g aromatische
  Cocktailparadeiser
4 Schalotten
Schnittlauch
150 ml Joghurt natur,
  3.6 % Fettgehalt
1 EL Sauerrahm
1/4 TL geräuchertes
  Paprikapulver
Steinsalz nach Bedarf
optional: 1/2 TL Honig

....

Basisrezept Mayonnaise
1 Eigelb
1/2 TL Senf
ca. 1/8 l eher geschmacks-
  neutrales Öl, z.B. Distelöl,
  notfalls Bratöl
Steinsalz

....

Zubereitungszeit • Kürbisnuggets:
60–70 min | Leichte Paradeiser-
mayonnaise: 10–15 min | Basisrezept
Mayonnaise: 5–10 min

1. Kürbis in 1 cm dicke Scheiben schneiden und je nach Größe diese nochmals halbieren oder dritteln.

2. Für die Panier Thymian, Petersilie und Chili fein hacken, Kürbiskerne mittelfein hacken und mit den Bröseln und etwas Zitronenschale vermengen. Die Eier verquirlen und kräftig salzen. Die Kürbisstücke erst in Mehl, dann im Ei und abschließend in der Bröselmischung drehen.

3. Die Kürbisnuggets in einer guten Antihaftpfanne in jeweils 2 EL Butterschmalz oder Bratöl auf beiden Seiten goldgelb backen, anhaftendes Fett mit Küchenpapier entfernen und die Nuggets mit der Paradeisermayonnaise servieren.

4. Für die leichte Paradeisermayonnaise zuerst die Mayonnaise zubereiten. Dazu Eigelb und Senf in einen schmalen Rührbecher geben und mit dem Mixer gut verrühren. Unter ständigem Rühren das Öl sehr langsam hinzufügen, bis die Masse dick ist, und die Mayonnaise mit Salz abschmecken.

5. Anschließend die Cocktailparadeiser vierteln und zur Seite stellen. Schalotten fein hacken, Schnittlauch fein schneiden und mit Mayonnaise, Joghurt, Sauerrahm und Paprikapulver vermengen und mit Salz abschmecken. Am Schluss die Paradeiser vorsichtig darunterrühren.

Gartentipp: Es macht leider keinen Sinn, verschiedene Kürbissorten anzubauen, wenn man nur über eine kleine Anbaufläche verfügt. Schon nach kurzer Zeit gibt es dann unerwünschte Kreuzungen. Bauen Sie stattdessen im Freundeskreis verschiedene Sorten an und tauschen Sie die Kürbisse nach der Ernte!

KÜRBISRAGOUT MIT HERBSTPILZEN
Vegetarisch oder mit Selchfleisch

Auch im Herbst wachsen in unseren Wäldern viele essbare Pilze. Während Eierschwammerl oder Stein- und Herrenpilz durch ihren Bekanntheitsgrad in den Sommermonaten wettbewerbsmäßig gesucht werden, sind die Herbstpilze eher unbekannt und deshalb auch ein Geheimtipp für all jene, die gerne mit vollen Körben aus den Wäldern zurückkehren. • Gelbstieliger Trompetenpfifferling, Duftender Leistling, Herbsttrompeten und Tintlinge sind beliebte Herbstpilze. In einem Ragout machen sich diese Pilze hervorragend.

Für das vegetarische Kürbis-ragout mit Herbstpilzen

300 g Kürbis mit orangem
  Fruchtfleisch
3 EL Olivenöl
2–3 Knoblauchzehen, gehackt
Steinsalz
2 Zwiebeln
50–100 g Stangensellerie
300 g Fleischparadeiser
200 g Herbstpilze
1 EL Paradeisermark
1/3 TL Ras el hanout
  (Ersatz: Chili)
300 g Berglinsen
1 TL Thymian, abgerebelt
3 Lorbeerblätter
ca. 400 ml Gemüsebrühe
optional: 1 EL Apfel-Balsamessig
optional: 1 EL Vollkornmehl
  oder glutenfreies Mehl
je 100 g Crème fraîche
  und Joghurt natur,
  3,6 % Fettgehalt
Petersilie zum Bestreuen
Paprikaringe zum Garnieren

....

**Für die Variante mit
Selchfleisch**

200 g Selchfleisch, gekocht

....

Zubereitungszeit • 50 min

1. Das Backrohr auf 180 °C vorheizen. Den Kürbis zuerst in 1 cm dicke Scheiben, dann in ca. 5 cm große Stücke schneiden, anschließend auf ein mit Backpapier ausgelegtes Backblech legen, mit Olivenöl beträufeln und im Backrohr braten. Die Kürbisstücke nach 10 Minuten mit gehacktem Knoblauch bestreuen und salzen und noch weitere 5–10 Minuten braten, bis der Kürbis gerade weich ist – er darf noch etwas Biss haben. <u>Achtung:</u> Kürbis ist meist buchstäblich von einer Sekunde auf die andere gar!

2. Zwiebeln grob hacken, Stangensellerie in 1 cm große Stücke schneiden. Fleischparadeiser würfeln, Pilze je nach Größe halbieren bzw. in 5 mm dicke Scheiben schneiden.

3. Zwiebelwürfel in Olivenöl goldgelb anrösten. Paradeisermark, Pilze und Ras el hanout dazugeben und alles 1–2 Minuten mitrösten. Nun Paradeiserwürfel, Linsen, Thymian und Lorbeerblätter hinzufügen und mit so viel Gemüsebrühe aufgießen, dass alles gerade bedeckt ist.

4. Das Ragout ca. 30 Minuten köcheln lassen, bis die Linsen weich sind. Anschließend die Kürbisstücke dazugeben, kurz ziehen lassen und das Ragout abschmecken. Wenn die Paradeiser genug Säure geben, wird auf die Zugabe von Essig verzichtet.

5. Abschließend Crème fraîche und Joghurt vermengen und zum Ragout reichen. Das Kürbisragout mit Petersilie und Paprikaringen bestreut servieren.

6. Für die Variante mit Selchfleisch das gekochte Fleisch in dünne, mundgerechte Scheiben schneiden und diese mit dem Kürbis zum Ragout geben.

Organisationstipp: Das Ragout hält sich in Gläsern – heiß abgefüllt und sterilisiert – mindestens 3 Monate im Kühlschrank.

Tipps: Statt der frischen Pilze können Sie auch getrocknete Pilze wählen. • Sollten Sie keine Sammlernatur sein, verwenden Sie heimische Bio-Champignons. • Wird beim Ragout eine dickere Konsistenz gewünscht, kann man es kurz vor dem Fertigkochen mit einem Mehlteigerl von 1 EL Vollkornmehl oder glutenfreiem Mehl verrühren und mit 3 EL Wasser binden.

ROHNENSPÄTZLE
mit Blauschimmelkäsesauce und Kren

Spätzle umgibt das Flair von gediegener Hausmannskost – werden sie doch meist als deftige Käsespätzle aufgetischt. Rohnenspätzle genießen einen eleganteren Auftritt: Verführung in zartem Rosa. Die Kombination von erdigem Wurzelgemüse, sanft-saurem Blattgemüse und die Schärfe des Rettichs findet ihre Vollendung in der Blauschimmelkäsesauce. Gleichzeitig sorgen die Spätzle für ein friedvolles Nebeneinander von Vegetariern und Fleischliebhabern – fast ohne Mehraufwand.

Für die Rohnenspätzle

200 g Rohnenpüree
150 g Buchweizen, gemahlen
250 g feines Dinkelmehl
2–3 Eier
ca. 250 ml Wasser
1/2 TL Kreuzkümmel oder
   Kümmel, gemahlen
1–2 TL Steinsalz

....

**Für die Blauschimmelkäse-
sauce mit Spinat**

1 Zwiebel
1 EL Olivenöl
1–2 TL Dinkelvollkornmehl
125 ml Schlagobers
125 ml Milch oder vegane Milch
80 g Blauschimmelkäse
1 Prise Muskatblüte
Steinsalz und Pfeffer, im Mörser
   frisch zerstoßen
optional: 100 g Rohschinken
150 g Babyblattspinat
3 EL frisch geriebener Kren
   zum Bestreuen

....

Zubereitungszeit • Rohnenspätzle:
25 min (ohne Herstellung des Rohnen-
pürees) | Blauschimmelkäsesauce
mit Spinat: 15 min

1. Für die Zubereitung des Rohnenpürees gibt es zwei Möglichkeiten. Variante A: Die Rohnen werden geschält, in kleine Würfel geschnitten und mit ein paar Löffeln Wasser in einem leistungsstarken Blender püriert. Variante B: Die geschälten und in Würfel geschnittenen Rohnen werden im Dampf gegart und anschließend püriert.

2. Für die Spätzle werden alle Zutaten in einem schmalen Topf mit dem Kochlöffel gut vermengt. Die genaue Wassermenge hängt von der Beschaffenheit der übrigen Zutaten ab, deshalb das Wasser nur nach und nach zugeben. Der Teig sollte schwer reißend vom Kochlöffel fallen.

3. Gleichzeitig in einem großen Topf Salzwasser zum Kochen bringen. Den Teig mit einem Spätzlesieb in das mäßig kochende Wasser schaben und kurz ziehen lassen – sobald die Spätzle an der Oberfläche schwimmen, sind sie gar. Anschließend die Spätzle in einen Durchschlag geben, kurz mit kaltem Wasser abschrecken, abtropfen lassen und im Rohr warm stellen.

4. Für die Sauce Zwiebel fein hacken und in Olivenöl goldgelb anrösten. Das Mehl hinzufügen und kurz mitrösten, anschließend mit Schlagobers und Milch aufgießen und alles sogleich zu einer glatten Sauce verrühren. Den Blauschimmelkäse in Stücke schneiden bzw. bröckeln und diese in der Sauce auflösen. Mit Muskatblüte, Salz und Pfeffer würzen.

5. Nach Wunsch den Rohschinken in mundgerechte Stücke schneiden und in einer Pfanne kurz anbraten – zu langes Braten geht zu Lasten des Aromas und der Schinken wird hart.

6. Abschließend Babyblattspinat und eventuell angebratenen Schinken unter die heißen Spätzle mischen, die Sauce über die Spätzle gießen und das Gericht mit geriebenem Kren bestreut servieren.

Gartentipp: Es lohnt sich, Ende August – wenn im Garten das eine oder andere Platzerl leer wird – Spinat anzubauen. Mitte Oktober, wenn die ersten Blätter von den Bäumen fallen, freut man sich über schmackhafte junge Blätter. Mit einem Vlies abgedeckt kann man oft bis in den Dezember ernten, sofern die Temperaturen nicht zu tief sinken.

PASTINAKENMOUSSE
mit Flockenmischung

Pastinaken sind von Natur aus süß und schon lange Bestandteil diverser Baby- und Kleinkinderbreie, da sie reich an Vitaminen und Mineralstoffen sind und ihr Nitratgehalt sehr niedrig ist. Wussten Sie beispielsweise, dass der Vitamin-C-Gehalt einer Pastinake 4-mal so hoch ist wie jener der Karotte? • Entdecken Sie mit uns eine völlig neue Welt der Pastinaken. Sie werden überrascht sein von diesem herrlich leichten, raffinierten Mousserezept, das mit Birnensaft, Gewürzen und Schlagobers verfeinert wird.

Für das Pastinakenmousse
400 ml Birnensaft
1 schwacher TL Agar Agar
400 g Pastinaken
Saft von 1/2 Zitrone
1 EL Bourbon-Vanillezucker
200 ml Schlagobers

Für die Flockenmischung
60 g Hafer- oder Gerstenflocken
60 g Haselnüsse, gehackt
2–4 EL Rohrübenzucker oder
   Honig
1/2 TL Zimt
1 Prise Kardamom
1 EL Butter
2 EL Braunhirse
Sanddornmark zum Garnieren

Zubereitungszeit • 30–40 min

1. Für das Pastinakenmousse 350 ml Birnensaft zum Kochen bringen und bei mäßiger Hitze auf ca. 150 ml reduzieren. Agar Agar in 50 ml Birnensaft quellen lassen.

2. Pastinaken in kleine Stücke schneiden, sofort mit Zitronensaft übergießen und im reduzierten Birnensaft weich kochen. Die Kochdauer hängt stark von der Größe der Pastinaken ab. Während junge Pastinaken in wenigen Minuten gar sind, kann es bei älteren mehr als 30 Minuten dauern, obwohl beide „Sorten" würfelig geschnitten sind. Die weich gekochten Pastinaken pürieren, Agar Agar hinzufügen und alles nochmals 2 Minuten kochen. Das Püree anschließend mit Vanillezucker abschmecken und zum Auskühlen zur Seite stellen.

3. Für die Flockenmischung Getreideflocken, gehackte Haselnüsse, Zucker oder Honig, Zimt und Kardamom vermengen und alles in der Butter anrösten, bis der Zucker leicht zu karamellisieren beginnt. Die Masse überkühlen lassen, dann mit der Braunhirse vermengen.

4. Abschließend Schlagobers steif schlagen und unter das Pastinakenpüree heben. Die Hälfte des Pastinakenmousses mit einem Spritzsack in Gläser füllen, die Flockenmischung darauf verteilen, dann das restliche Mousse daraufspritzen. Das Mousse mit Sanddornmark garniert servieren.

Tipp: Wer kein Sanddornmark zu Hause hat, kann auf das Mousse Sirup oder dünnflüssigen Honig träufeln. Auch Ribisel- oder Preiselbeermarmelade harmonieren gut.

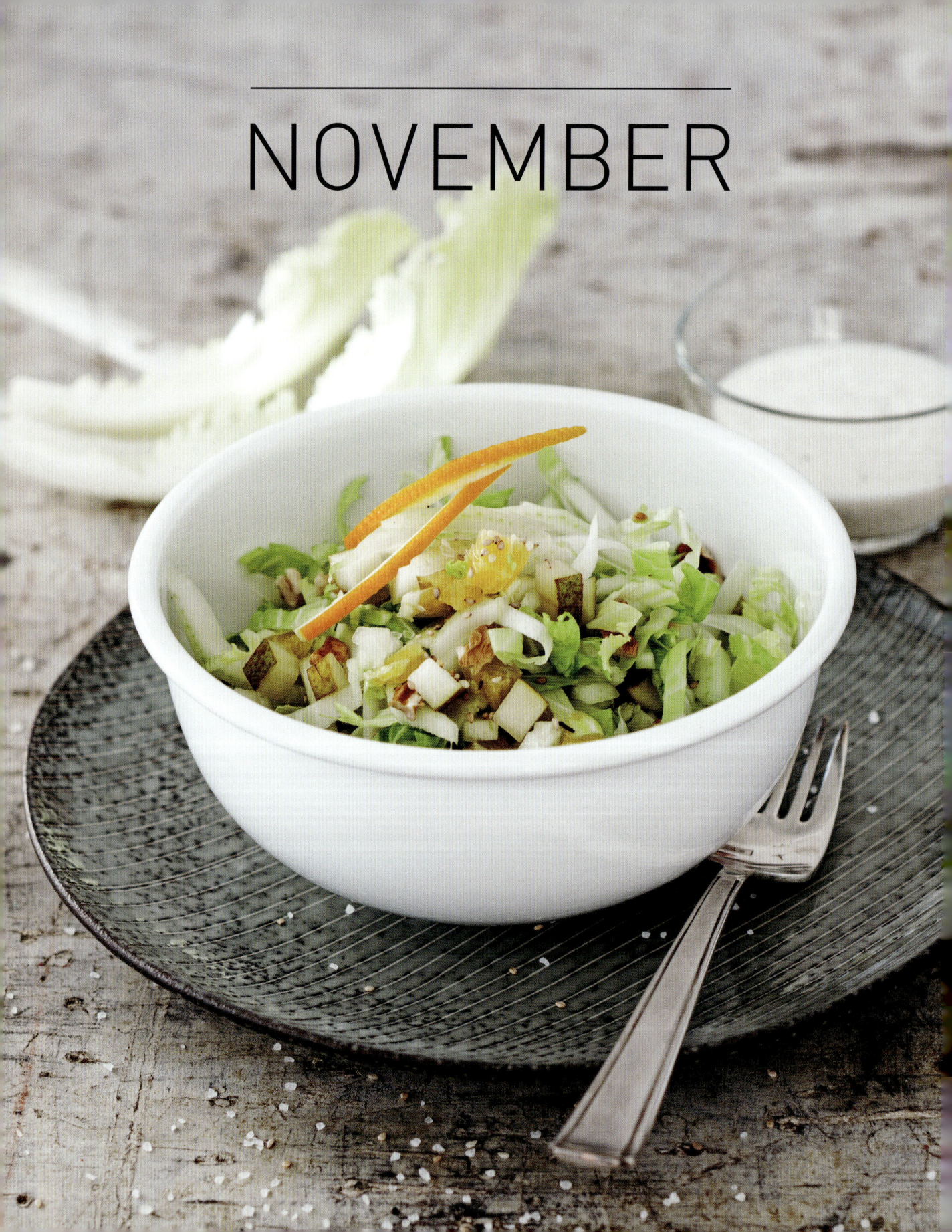

NOVEMBER

Die Rezepte im Überblick

GESCHMACKSEXPLOSIONEN DER VEGETARISCHEN UND VEGANEN KÜCHE

Was – außer Liebe am Kochen – garantiert uns besten Geschmack? Es sind frische, reife Zutaten, das Wissen über unzählige Kombinationsmöglichkeiten von Gewürzen und kalt gepressten Ölen sowie Kreativität in der Küche. Gerade die internationale Küche, denken wir zum Beispiel an Asien, bietet unendlich viele Ideen, um vegetarische und vegane Gerichte aus heimischem Gemüse, Obst, Hülsenfrüchten und Getreide herzustellen. So finden Sie in diesem Kapitel Kürbis-Makis wie auch die orientalische Knoblauchsuppe mit steirischem Farferl als Anregung. Internationale Küche gekocht mit heimischen Zutaten – mit Ausnahme der Gewürze – ist der Schlüssel zur gesteigerten Lust auf mehr vegetarische oder vegane Speisen.

Im November ist es an der Zeit, das Gemüse im Freiland so zu schützen, dass es tiefe Minustemperaturen überlebt, denn ein Teil des Wintervorrates bleibt in der Erde: Karotten, Pastinaken, Wurzelsellerie, Rohnen, Zuckerhut, Radicchio und Endivien bekommen eine dicke Laubdecke. Diese besteht aus zwei Schichten: 10–20 cm Laub von Obstbäumen, darauf folgt 1/2 m Nusslaub – letzteres soll diverse Mäuse vom Naschen abhalten. Unter der dicken Laubschicht friert die Erde nicht und man kann während des Winters frisches Wurzelgemüse ernten. Besonders effektiv wird die Laubschicht, wenn sie dann mit der weißen Pracht von oben bedeckt wird – diesen wertvollen Tipp habe ich vor vielen Jahren von meinem Kollegen Franz aus Pöllau bekommen, vielen Dank dafür!
   Achtung: Wenn es nach dem Abdecken mit Laub noch eine lange Regenperiode gibt, sollte man das Laub in dieser Zeit entfernen, da sonst die Gefahr besteht, dass dieses zu schimmeln beginnt.

SONNTAGSPORRIDGE

Die Zubereitungsart unseres Frühstücksbreis passen wir der Saison bzw. den Außentemperaturen an. Während der warmen Jahreszeit setzen wir die Flocken über Nacht in kaltem Wasser an und fügen in der Früh die restlichen Zutaten zu – ein klassischer Rohkostbrei, bei dem alle Enzyme erhalten bleiben. Wenn die Tage kürzer und kühler werden, verlangt unser Körper nach einem warmen Frühstück, um gut in den Tag starten zu können. Um den fertigen Brei aufzuwerten, streuen wir Hanfsprossen und gelegentlich auch Quinoasprossen darüber. • Wir wissen, dass die Anbaugebiete von Quinoa begrenzt sind und Südamerika Gefahr läuft, von ausländischen Investoren auch diesbezüglich überrannt zu werden. Das Szenario wiederholt sich immer wieder: Die reichen Industriestaaten haben Hunger nach bestimmten Rohstoffen aus Ländern des benachteiligten Südens. Rücksichtslos wird die indigene Bevölkerung ihres Lebensraumes beraubt, ihrer Lebensgrundlagen entzogen und Regenwald im großen Stil gerodet, um für kurze Zeit fruchtbares Land zu gewinnen. Wenn wir Quinoa aus Fairem Handel beziehen und gelegentlich daraus Sprossen ziehen, bedeutet dies für uns Achtung von Mensch und Natur. Sprossenzucht ist die bestmögliche Nutzung von wertvollen Samen.

Für 2 Personen

1 großer oder 2 kleine Äpfel
1 kleine Birne
100 g Hafer- oder Gerstenflocken
1 Prise Zimt
1 EL Rosinen oder 2 Feigen,
  klein geschnitten
ca. 400 ml Wasser
5 Walnüsse, klein gehackt
1 EL Kokosflocken
2 EL Braunhirse
1 EL Leinsamen, frisch
  geschrotet
optional: 1 kleine Banane,
  klein geschnitten
1 TL getrocknete Aronia-
  oder Gojibeeren
2 EL Schlagobers
1–2 EL Quinoa- oder Hanf-
  sprossen zum Bestreuen

Zubereitungszeit • 10–15 min

Äpfel und Birne entkernen und in kleine Stücke schneiden, mit Flocken, Zimt und Rosinen bzw. Feigen im Wasser kurz aufkochen. Gehackte Walnüsse, Kokosflocken, Braunhirse und geschrotete Leinsamen unter den Brei mengen. Nach Wunsch eine klein geschnittene Banane sowie Aronia- oder Gojibeeren dazugeben. Den Porridge mit Schlagobers verfeinern und mit Sprossen bestreut servieren.

Gartentipp: Falls Sie in Ihrem Garten noch ein Platzerl frei haben: Aronia- und Gojisträucher gedeihen auch bei uns. Letztere lieben einen sonnigen Standort und viel Wasser. Beide Beeren lassen sich in einem einfachen Dörrgerät gut trocknen.

Tipps: Obst, Trockenfrüchte und Nüsse sind beliebig austauschbar – verschiedene Geschmackserlebnisse ergeben sich dadurch von selbst. • Kaufen Sie Großblattflocken und mahlen Sie diese vor dem Zubereiten in der elektrischen Mühle (z.B. in einer Kaffeemühle) etwas feiner, dann wird der Porridge besonders cremig.

Vegane Variante: Die halbe Wassermenge durch Reis-, Mandel- oder Sojamilch ersetzen und das Schlagobers weglassen.

ORIENTALISCHE KNOBLAUCHSUPPE
mit steirischem Farferl

Es gibt immer wieder Gelegenheiten, in einer größeren Runde im Restaurant zu essen und zu feiern. Für mich als Köchin ist es dann interessant, was meine Freunde oder Bekannten bestellen – die Gewohnheiten meiner Familie und engsten Freunde kenne ich ja schon gut. Der Renner unter den Suppen ist eindeutig die Knoblauchcremesuppe – aus ernährungsphysiologischer Sicht eine „leere" Fettbombe. Hier finden Sie meinen Vorschlag für eine Knoblauchsuppe, die Sie besonders in der kalten Jahreszeit stärkt und mit der Sie auch satt werden können.

Für die orientalische Knoblauchsuppe
200 g Lammschulter
 oder -hals
2 große Karotten
100 g Wurzelsellerie
300 ml Paradeiser
 (aus dem Glas)
2 Zwiebeln
2 EL Olivenöl
4 Knoblauchzehen
1 TL Ingwer, gemahlen
1 TL Kreuzkümmel, gemahlen
1/2 TL schwarzer Pfeffer,
 im Mörser zerstoßen
1 TL Kurkuma
2 EL Paradeisermark
1/2 TL Vollrübenzucker
600–800 ml Gemüsebrühe
Steinsalz
200 g Kichererbsen, gekocht
3 EL gehacktes Grün zum
 Garnieren: z.B. Selleriegrün,
 Petersilie

Für das Farferl
1 Ei
100–120 g feines Dinkelmehl
2 EL Zwiebeln
30 g Butterschmalz
etwas Gemüsebrühe
Steinsalz

Zubereitungszeit • Orientalische Knoblauchsuppe: 30 min (Garzeit: 50 min) | Farferl: 20 min

1. Für die Suppe Lammfleisch kleinwürfelig schneiden. Karotten und Wurzelsellerie würfelig schneiden, Paradeiser in Stücke teilen.

2. Zwiebeln würfelig schneiden und in Öl hell anbraten, Knoblauch fein hacken und kurz mitrösten. Unter Rühren Ingwer, Kreuzkümmel, Pfeffer, Kurkuma und Lammfleisch hinzufügen. Sobald das Fleisch hellgrau ist, Paradeisermark und Zucker dazugeben und kurz rösten. Nun kommen Karotten, Sellerie und Paradeiser dazu. Anschließend mit so viel Gemüsebrühe aufgießen, bis alle Zutaten gut bedeckt sind.

3. Die Suppe zum Kochen bringen und 45 Minuten auf kleiner Flamme köcheln lassen. Falls notwendig noch etwas Gemüsebrühe dazugeben – am Schluss sollte eine sämige, jedoch nicht zu dicke Suppe entstanden sein. Abschließend die Suppe salzen, die gekochten Kichererbsen hinzufügen und alles 5 Minuten ziehen lassen.

4. Die Knoblauchsuppe mit gehacktem Grün und Farferl servieren.

5. Für das Farferl das Ei versprudeln und langsam ins Mehl eintropfen – dabei mit einer Gabel rühren, damit kleine Klümpchen entstehen.

6. Zwiebeln fein hacken und in Butterschmalz hell anrösten, die Mehlklümpchen dazugeben und alles 2–3 Minuten rösten. Anschließend mit etwas Gemüsebrühe aufgießen, salzen und das Farferl 5 Minuten verkochen lassen – die Gemüsebrühe ist am Ende zur Gänze vom Farferl aufgesogen.

Tipp: Statt Lamm können Sie auch Rindfleisch (z.B. Schulterspitz) verwenden.

CHINAKOHLSALAT
mit Joghurtdressing

Wenn Sie die Kombination süß-sauer mögen, dann liegen Sie bei diesem Salat richtig. • Chinakohl ist leider sehr anfällig für Schädlinge und wird im konventionellen Anbau dementsprechend behandelt. Im Supermarkt wird er aus biologischem Anbau kaum angeboten, am ehesten werden Sie auf einem Bauernmarkt fündig. • Und wussten Sie, dass Nüsse nach acht Stunden Quellzeit weniger allergische Reaktionen auslösen und das Eiweiß vollständig vom Körper verwertet werden kann?

70 g Walnüsse
1 Chinakohl
3 Schalotten
1 großer oder 2 kleine Äpfel,
  z.B. Topaz
1 Birne
1 Orange
150 g Schafjoghurt
Steinsalz
1 EL Gomasio zum Bestreuen

....

Zubereitungszeit • 25 min
(ohne Einweichzeit der Nüsse)

1. Die Walnüsse über Nacht in etwas Wasser einweichen.

2. Chinakohl der Länge nach durchschneiden, die beiden Hälften gut waschen und den Salat feinnudelig schneiden – das wird umso schwieriger, je näher man dem Strunk kommt. Das Strunkende großzügig übrig lassen – es kann Verwendung in einem Smoothie oder einer Gemüsesauce finden.

3. Schalotten fein hacken. Kerngehäuse von Äpfeln und Birne entfernen, dann kleinwürfelig schneiden. Walnüsse abtropfen lassen und grob hacken. Orange waschen, 1/3 der Schale fein reiben, die Orange dann abschälen und die Spalten in Stücke schneiden – den Orangensaft dabei sorgfältig auffangen.

4. Salat, gehackte Schalotten, Obststücke und abgetropfte Nüsse vermengen.

5. Joghurt, sparsam Steinsalz (Gomasio ist gesalzen), Orangensaft und -schale verrühren und anschließend unter den Salat heben. Den Salat abschmecken und mit Gomasio bestreut servieren.

Tipp: Gomasio kann man ganz einfach selbst herstellen: Es besteht aus Sesam und Meersalz, im Verhältnis 5–12 Teile Sesam zu 1 Teil Salz – je nach Geschmack. Das Meersalz wird leicht erhitzt und anschließend im Mörser zerstoßen. Dann röstet man ungeschälten Sesam ohne Fett so lange gleichmäßig, bis er sich zwischen den Fingern zerkrümeln lässt. Die Sesamsaat darf auf keinen Fall anbrennen. Wenn die Körner etwa 10-mal „geknallt" haben, sind sie fertig geröstet. Der geröstete Sesam wird ebenfalls im Mörser ohne großen Druck zerkleinert und mit dem Salz vermischt.

TAFELSPITZ
unter der Karfiolhaube

*Gekochtes Rindfleisch ist ein Verwandlungskünstler und für die schnelle
Küche bestens geeignet, zumal das Fleisch am Vorabend leise vor sich
hin köcheln kann. Seit einigen Jahren gedeiht Karfiol – aus für uns
unerklärbaren Gründen – in unserem Garten am besten im Herbst, da
entdecken wir manchmal Prachtexemplare, die für zwei Mahlzeiten reichen.
Aus Rindfleisch- und Karfiolüberbleibseln entstand dieses Rezept.*

Für das gekochte Rindfleisch

1 Zwiebel mit Schale, halbiert
200 g Wurzelgemüse: Karotten,
   Wurzelsellerie, Lauch ...
2 Knoblauchzehen
1/2 EL Butterschmalz
500 g Suppenfleisch für
   die Rindsuppe*
Steinsalz und Pfefferkörner
1 Prise Muskat
3 Lorbeerblätter
ein paar Fenchelsamen
1/2 TL Koriandersamen

Für den Tafelspitz unter
der Karfiolhaube

1/2 oder kleiner Karfiol
50 g Haselnüsse
50 g Sonnenblumenkerne
je 1/2 TL Kreuzkümmel,
   Fenchel, Koriander
Steinsalz
50 g Dinkelvollkornmehl oder
   glutenfreies Mehl
1 EL Butter
250 ml Milch oder vegane Milch
2 EL getrocknetes Wurzel-
   gemüse in Pulverform
   (Ersatz: 3 EL fein geriebenes
   Wurzelgemüse)
Pfeffer, im Mörser frisch
   zerstoßen
4 EL Sauerrahm
1 Eidotter
2 Eiklar
300–400 g Tafelspitz oder
   Rindfleisch, gekocht
40 ml Rindsuppe

Zubereitungszeit • Gekochtes Rind-
fleisch: 10 min (Garzeit ca. 120 min) |
Tafelspitz unter der Karfiolhaube:
30–40 min (ohne Garzeit im Rohr)

* Die Weiterverwendung des Fleisches
bestimmt die Auswahl: Suppenfleisch
als Suppen- oder Strudeleinlage,
Brustspitz für Gröstl und Reisfleisch,
Tafelspitz für gekochtes Rindfleisch.

1. Für das gekochte Rindfleisch Zwiebel, Wurzelgemüse und Knoblauch in Butterschmalz anrösten, dann mit so viel Wasser aufgießen, dass das Fleisch gut bedeckt sein wird. Wenn die Suppe kocht, Fleisch und Gewürze hinzufügen.

2. Das Fleisch mindestens 2 Stunden knapp unter dem Siedepunkt ziehen lassen – dabei nicht zudecken. Das Fleisch kann für viele Gerichte weiterverwendet werden: gekochtes Rindfleisch mit diversen Saucen, Chili, Reisfleisch ...

3. Für den Tafelspitz Karfiol als ganze Rose im Dampf ca. 5–8 Minuten sehr bissfest garen.

4. Haselnüsse und Sonnenblumenkerne hacken. Die Gewürze in einem Mörser bzw. in einer Gewürzmühle nicht zu fein mahlen. Kerne und Gewürze vermengen und etwas salzen.

5. Mehl in der Butter anrösten. Milch mit Wurzel-gemüsepulver verrühren, zum Mehl gießen, alles kurz aufkochen, salzen und pfeffern. Anschließend Sauerrahm und Eidotter daruntermengen. Eiklar zu Schnee schlagen und ebenfalls darunterziehen.

6. Das gekochte Rindfleisch in ca. 8 mm dicke Scheiben schneiden, in eine große ofenfeste Form schlichten und mit der Rindsuppe übergießen.

7. Karfiol in kleine Röschen schneiden und auf dem Rindfleisch verteilen. Anschließend die Sauce gleich-mäßig darüberstreichen und die Samen-Nuss-Mischung darüberstreuen.

8. Den Tafelspitz im Rohr bei 180 °C mit der Gratinier-funktion oder bei starker Oberhitze ca. 10 Minuten überbacken.

Tipp: Als Beilage eignet sich beispielsweise ein Erdäpfel-püree bzw. -stampf.

KÜRBIS-MAKIS

Seit Bestehen unserer Kochschule bieten wir Sushikurse an und sie erfreuen sich großer Beliebtheit. Das Schöne daran ist, dass alle mit Freude dabei sind und das Rollen der Makis mit Nori-Blättern erlernen – oft sind die Teilnehmer gar nicht mehr zu stoppen. Es bieten sich jedoch noch viele andere Hüllen wie Kohl- und Mangoldblätter oder blanchierte Zucchini- und Kürbisscheiben an. Wenn man den Trick herausshat, eine durchgehende Hülle ohne Loch herzustellen, und etwas Fingerfertigkeit besitzt, ist das Rollen von Makis mit Gemüsehülle gar nicht so schwer. Falls Sie Anfänger sind, raten wir Ihnen, die Maki-Herstellung zuvor mit Nori-Blättern zu üben.

Für den Sushireis

400 ml Rundkornreis
650 ml Wasser
50–60 ml Apfelessig
2 TL Zucker
2/3 TL Steinsalz
1/2 EL Mirin

Für die Hülle

1 Stück von einem großen
   Kürbis mit viel orangem
   Fruchtfleisch

Für die Fülle

ca. 500 g Wurzelgemüse:
   Karotten in verschiedenen
   Farben, Pastinaken, Herbst-
   rüben, Bodenkohlrabi
50–100 g Mizuna- oder
   Rucolablätter

1. Für den Sushireis den Reis mindestens 3-mal in einer Schüssel gut waschen, bis das ablaufende Wasser klar ist. Den Reis in einem Sieb abtropfen lassen, anschließend im Wasser aufkochen und auf der ausgeschalteten Herdplatte ausdünsten lassen. Bei Verwendung von Gas oder Induktion den Reis bei kleiner Hitze dünsten, bis er das Wasser vollständig aufgesogen hat.

2. Essig, Zucker und Salz erwärmen, bis sich der Zucker aufgelöst hat. Nach kurzem Überkühlen Mirin hinzufügen. Reis in eine Holzschüssel leeren und mit der Essigmischung vorsichtig vermischen – verwenden Sie dazu einen Holzkochlöffel.

3. Die Reismasse 5 Minuten abgedeckt rasten lassen und anschließend schnell unter Verwendung eines Luftfächers abkühlen lassen – währenddessen noch einmal vorsichtig umrühren.

4. Für die Hülle den Kürbis schälen, mit der Brotschneidemaschine in ca. 2 mm dicke Scheiben schneiden. Die Anzahl der Scheiben hängt von der Breite der Kürbisstücke ab. Schneiden Sie so viele Stücke, dass Sie daraus mit Überlappung 6 Quadrate mit einer Seitenlänge von ca. 20 cm erhalten. Bereiten Sie reichlich Kürbisscheiben vor, falls welche übrig bleiben, finden sie in einer Suppe Verwendung.

5. Die Kürbisstücke in Salzwasser blanchieren, kalt abschrecken und gut abtropfen lassen.

6. Für die Fülle das Gemüse in 6 mm dicke Scheiben schneiden, im Dampf bissfest garen, kalt abschrecken und sehr gut abtropfen lassen.

7. Das ausgekühlte Gemüse in 7 mm breite Streifen schneiden. Das Salatblätter waschen und gut trocken schleudern.

→

Tipp: Für die Makis benötigt man nur die Hälfte der Sauce. Der Rest hält sich in einem Glas mehrere Tage im Kühlschrank. Die Sauce kann für diverse Dips weiterverwendet werden.

Vegane Variante: Die Sauce weglassen.

→

Für die Sauce

1 Eidotter
1/2 TL Senf
100–125 ml kalt gepresstes Öl,
  z.B. Distelöl gemischt
  mit Haselnussöl
3–4 EL Joghurt natur,
  3.6 % Fettgehalt
Steinsalz

····································

Zur Fertigstellung

1 Schüssel mit Wasser und ein
  paar Löffel beliebiger Essig

····································

Zubereitungszeit • mindestens 120 min

8. Für die Sauce Eidotter und Senf in einen schmalen Rührbecher geben und mit dem Mixer gut verrühren. Unter ständigem Rühren das Öl sehr langsam hinzufügen, bis die Masse dick ist. Anschließend das Joghurt unterrühren und die Sauce mit Salz abschmecken.

9. Nun die Kürbisstücke mit 1 cm Überlappung auf eine Sushimatte legen, so dass ein Quadrat mit einer Seitenlänge von ca. 20 cm entsteht.

10. Die Reismasse 1 cm dick auf der unteren Hälfte des Kürbisquadrates gleichmäßig verteilen, wobei ein Rand von 1 cm frei bleibt. Zwischendurch die Hände in der Schüssel mit Essigwasser befeuchten.

11. Den Reis mit etwas Sauce bestreichen und mit den Mizuna- oder Rucolablättern belegen. 3 Gemüsestreifen (in verschiedenen Farben) nebeneinander auf den Reis legen – die Gemüsestreifen werden zwischen dem ersten und zweiten unteren Drittel der Reismasse platziert. Das so vorbereitete Kürbisquadrat nun mit Hilfe der Sushimatte fest einrollen, dabei darauf achten, dass die Gemüsestreifen nicht verrutschen.

12. Die fertige Makirolle anschließend mit dem Ende unten liegend vorsichtig auf ein Schneidbrett legen und die weiteren Makirollen auf dieselbe Weise zubereiten. Abschließend ein gut schneidendes, großes Messer in das Essigwasser tauchen und die Makirollen in 3 cm dicke Scheiben schneiden.

VOLLKORNSTRUDEL
mit Mangold und Schafkäse

Mit selbst hergestelltem Blätterteig bin ich aufgewachsen. Meiner Mutter wäre es nie in den Sinn gekommen, den Blätterteig zu kaufen. Damals war er recht teuer und für uns als Großfamilie hätten drei Packungen gerade einmal für eine Mahlzeit gereicht. Außerdem war er in ihren Augen zu ungesund wegen der Inhaltstoffe: Auszugsmehl und billige Margarine. • Ich mache es noch heute so wie meine Mutter: Die Herstellung wird in den Koch- und Arbeitsalltag integriert und so auf ein Arbeitsminimum beschränkt. Einmal in der Woche verbringe ich mehrere Stunden hintereinander in der Küche bzw. im Haus – meist um Vorbereitungen für die kommenden Tage zu treffen. Ich starte mit der Herstellung des Strudel- und Butterziegels und reserviere mir für die nachfolgenden Arbeiten ein Plätzchen in der Küche – alle Utensilien bleiben dort liegen und werden erst nach Vollendung weggeräumt. Das insgesamt 4-malige Ausrollen des Teiges beansprucht jedes Mal nur zwei Minuten – die dazwischenliegenden Rastzeiten machen die Teigzubereitung aufwändig. Wenn ich diese Zeit gut nützen kann und keinen Extraaufwand fürs Her- und Wegräumen tätigen muss, relativiert sich der Aufwand. Auch hier gilt: Je öfter ich etwas mache, desto leichter und schneller geht es von der Hand. • Während ich mich nur an Apfelschlankel aus Blätterteig erinnere, bereite ich heute viele pikante Gerichte damit zu.

Für den Blätterteig

Für den Butterziegel
250 g Butter oder Bio-
　Margarine
180 g Dinkelvollkornmehl

Für den Vorteig
200 g feines Dinkelmehl
1 Prise Steinsalz
ca. 125 ml Wasser
evtl. 1 EL Olivenöl

Zubereitungszeit • Blätterteig: 30 min
(ohne Rastzeit)

1. Für den Butterziegel Butter und Mehl am Küchenbrett glatt verarbeiten. Zu einem rechteckigen Ziegel
mit ca. 15 × 20 cm formen, diesen in Küchenfolie
wickeln und kalt stellen.

2. Für den Vorteig Mehl und Salz in eine Rührschüssel
sieben, mit den Knethaken des Handmixers unter
Zugabe des Wassers zu einem glatten Strudelteig
verarbeiten und zu einer Kugel formen. Bei Bedarf
kann man 1 EL Öl dazugeben. Die Kugel mit einem
feuchten Tuch bedecken und mindestens 30 Minuten
am Brett rasten lassen. Man kann den Vorteig auch
mit der Hand am Küchenbrett kneten.

3. Touren: Den Vorteig auf dem bemehlten Küchenbrett zu einem Quadrat mit ca. 25 × 25 cm ausrollen,
wobei das Mittelstück etwas dicker als die aus-
laufenden Enden sein muss. Auf dieses Mittelstück
den kalten Butterziegel legen und die Teigenden
darüber zusammenschlagen, sodass der Butterziegel vom Vorteig vollkommen eingeschlossen ist.
Dann den Teig mit dem Nudelwalker von der Mitte
weg leicht flachklopfen und zu einem gleichmäßig
fingerdicken Rechteck ausrollen. Das überschüssige
Mehl mit einem Mehlbesen abkehren und die Teig-
fläche der Länge und der Breite nach 3-teilig über-
einanderlegen.

4. Den Teig nun mit einem feuchten Tuch bedecken
und an einem kühlen Ort 30 Minuten ruhen lassen.
→

Vegane Variante: Verwenden
Sie statt Schafkäse, Quittenmarmelade und Ei für den
Mangoldstrudel 1 Packung
Seidentofu und 80 g eingelegte Paradeiser. Dazu den
Seidentofu in der Packung in
1 cm dicke Würfel schnei-
den und die überschüssige
Flüssigkeit vorsichtig abgießen. Die Paradeiser in kleine
Stücke schneiden und beides
auf der Strudelfülle verteilen.
Vor dem Backen den Strudel
statt mit Ei mit etwas Wasser
bestreichen. Die Quitten-
marmelade schmeckt auch
gut als Dip zum Strudel.

Organisationstipp: Blätterteig kann in Frischhaltefolie
und ein feuchtes Geschirrtuch gewickelt bis zu 3 Tage
im Kühlschrank gelagert
werden. Die Fülle kann am
Vortag zubereitet werden.

→

Für die Fülle

1 kg Mangold „Five colours"
2 große Zwiebeln
2 Knoblauchzehen
1–2 EL Olivenöl
Muskat
Chilipulver
Steinsalz und Pfeffer, im
  Mörser frisch zerstoßen
300 g Schafkäse (Feta)
3 EL Quittenmarmelade
1 Ei oder etwas Wasser zum
  Bestreichen
2–3 EL Sesam zum Bestreuen

....

Zubereitungszeit • Fülle: 25 min
(plus 10–20 min für die Fertigstellung
des Strudels)

5. Nach dieser Rastzeit den Teig auf dem bemehlten Küchenbrett wieder zu einem gleichmäßigen Recht- eck ausrollen, abermals das überschüssige Mehl gut abkehren, den Teig von links und von rechts gegen die Mitte so umklappen, dass sich die Teigränder in der Mitte berühren. Nunmehr beide Teile wie ein Buch zusammenklappen, danach der Länge nach einmal zusammenlegen.

6. Den Teigblock wieder mit einem feuchten Tuch be- decken und bis zum weiteren Ausrollen eine etwas längere Rastzeit einschalten. Das nächste Ein- schlagen erfolgt wieder nach der ersten Art.

7. Hat der Blätterteig im Anschluss an die dritte und letzte Tour nochmals 1 Stunde gerastet, ist er zur weiteren Aufarbeitung gebrauchsfertig. Solange sich der Teig beim Ausrollen zusammenzieht, darf er nicht ausgearbeitet werden, weil die einzelnen Stücke beim Backen die Form verlieren würden. In diesem Fall den Teig noch einmal zusammenlegen und rasten lassen.

8. Für die Fülle Mangold waschen, die Blattstiele in 1 cm breite Streifen schneiden und die Blätter grob hacken. Zwiebeln und Knoblauch getrennt fein hacken. Zwiebelwürfel in Öl hell anrösten, Blattstiel- streifen 2–3 Minuten anrösten, Knoblauch dazugeben und kurz mitrösten. Blätter und Gewürze dazuge- ben und so lange braten, bis die Blätter zusammen- gefallen sind. Die Masse kräftig abschmecken.

9. Den Schafkäse in Würfel schneiden. Den Blätter- teig 3–4 mm dick zu einem Rechteck ausrollen und auf das mittlere Drittel die Mangoldfülle streichen. Anschließend die Schafkäsewürfel darüberstreuen und die Quittenmarmelade mit einem Teelöffel in der Mitte streifenförmig verteilen.

10. Den Strudel von beiden Seiten einschlagen, sodass er in der Mitte ca. 2 cm übereinanderlappt. Den Strudel mit Ei bzw. Wasser bestreichen, mit Sesam bestreuen und im vorgeheizten Rohr bei 180 °C ca. 35–45 Minuten backen.

KOHL-SPECK-LAIBCHEN,
Schafkäsedip und gedünstete Äpfel mit Kastanienfülle

Im November sind die Mikroklimata in Österreich besonders spürbar. Während sich Westen und Alpennordseite über Sonne freuen, legt sich über die oststeirische Hügellandschaft der Nebel. Keine Freude fürs Gemüt – sehr wohl für die nächtlichen Plustemperaturen. Frische Kräuter sind noch im Garten und Herbstpilze wie Tintlinge auf den Wiesen zu finden und harmonieren sehr gut mit Kohl. Natürlich können Sie auf Champignons und getrocknete Kräuter ausweichen – die Geschmacksharmonie bleibt erhalten.

Für die Kohl-Speck-Laibchen

120 g Getreideflocken nach
   Wahl
Milch oder vegane Milch zum
   Einweichen der Flocken
600 g Kohl
1 Zwiebel
2 Knoblauchzehen
125 g Herbstpilze oder
   Champignons
100 g Hamburger Speck
1/2 Bund Petersilie
1/2 TL Rosmarinnadeln
2 EL Leinsamen, frisch
   geschrotet
2 EL Dinkelmehl, Type 700
2 Eier
1 Msp. Bertram
Steinsalz und Pfeffer,
   im Mörser frisch zerstoßen

....

Zum Wälzen

50 g Dinkelkleie (Ersatz: Brösel)
2 TL Thymian
3 EL Sesam
Butterschmalz zum Braten

....

Für die gedünsteten Äpfel mit Kastanienfülle

2 Äpfel
50–100 ml Wasser
2 EL Kastanienpüree
2 EL Ribiselmarmelade
1 Prise Zimt

....

Für den Schafkäsedip

100 g Schaffrischkäse
   (Ersatz: milder Feta)
150 g Schafjoghurt
1–2 EL Kürbiskernöl
1 EL Kürbiskerne, gehackt
1 EL Rucola, fein geschnitten
etwas Steinsalz
Rosa Beeren, im Mörser frisch
   zerstoßen

....

Zubereitungszeit • Kohl-Speck-Laib-
chen: 50–60 min | Gedünstete Äpfel
mit Kastanienfülle: 15 min

1. Für die Laibchen die Flocken in Milch einweichen –
   dabei so viel Milch verwenden, dass die gesamte
   Flüssigkeit nach 15 Minuten aufgesogen ist, die
   Flocken also gut mit Milch bedecken und bei Bedarf
   nochmals etwas Milch nachgeben. Das funktioniert
   sehr gut in einem Marmeladeglas.

2. Vom Kohl die äußeren Hüllblätter wegnehmen.
   Den Kohl halbieren, waschen, den Strunk und harte
   Rippen der Außenblätter entfernen. Dann die Kohlblätter im Dampf 3–5 Minuten garen – die Blätter
   dürfen noch einen ordentlichen Biss haben. Anschließend kurz kalt abschrecken und in einem
   Durchschlag sehr gut abtropfen lassen. Den Kohl
   dabei fest pressen, damit er keine Flüssigkeit mehr
   enthält. Die Kohlblätter nun klein schneiden und in
   eine Schüssel geben.

3. Zwiebel und Knoblauch hacken. Schwammerl trocken
   putzen und in Scheiben schneiden. Speck in kleine
   Stücke schneiden, die Kräuter hacken.

4. Speck etwas auslassen – dazu die Speckwürfel kurz
   anbraten. Zwiebel und Knoblauch dazugeben und kurz
   mitrösten. Die Schwammerln ebenfalls hinzufügen
   und so lange rösten, bis die Flüssigkeit verdampft ist.
   Anschließend alle Zutaten zum Kohl geben, die Masse
   vermengen und abschmecken.

5. Zum Wälzen Kleie, Thymian und Sesam vermengen.
   Kleine Laibchen formen, diese im Sesam-Kleie-
   Gemisch wälzen und in Butterschmalz bei mäßiger
   Temperatur auf beiden Seiten braten. Bei Verwendung
   einer mittelgroßen Bratpfanne reicht 1 EL Butter-
   schmalz für einen Bratdurchgang.

6. Die Laibchen mit den gedünsteten Äpfeln und dem
   Schafkäsedip servieren.

7. Für die gedünsteten Äpfel die Äpfel halbieren, das
   Kerngehäuse entwerfen und die Apfelhälften im
   Wasser bissfest dünsten. Kastanienpüree, Ribiselmarmelade und Zimt vermengen, in die Apfelhälften
   füllen und zu den Laibchen servieren.

8. Für den Dip den Schaffrischkäse mit der Gabel zerdrücken, dann mit den restlichen Zutaten vermengen
   und abschmecken.

Organisationstipp: Kohl am Vortag blanchieren, klein schneiden und mit gehackten Kräutern in einem Glasbehälter im Kühlschrank aufbewahren. Getreideflocken im Marmeladeglas einweichen und kühl stellen.

Tipp: Verwenden Sie beim Dip zum Vermengen der Zutaten keinen Stabmixer – von Hand verrührt behält der Dip seinen rustikalen Charakter.

BIRNEN-MANDEL-TASCHEN IM GLAS

Teigfüllungen, die aus frisch geernteten oder gerade vom Baum gefallenen Birnen und Äpfeln zubereitet werden, sind zwar besonders saftig, lassen sich aber sprichwörtlich nicht im Zaum halten: Der Saft rinnt aus der Hülle. Von diesem Umstand profitieren die Birnen-Mandel-Taschen, wenn sie im Glas gebacken werden. Da der Saft nicht abrinnen kann, karamellisiert er mit dem Zucker und gibt ein feines Aroma ab.

Für 8–10 Portionen

Blätterteig von 250 g Butter
  (siehe Rezepte Seite 239)
600 g Birnen
400 g säuerliche Äpfel,
  z.B. Topaz
Saft und Schale von 1/2 Zitrone,
  fein gerieben
40 g Butter oder Bio-Margarine
50–80 g Rosinen
80 g Mandeln, blanchiert
2 Marillenkerne*
3 Eier
ca. 60 g Rohrübenzucker
1 Ei zum Bestreichen
Butter zum Ausstreichen der
  Auflaufförmchen
evtl. Zimt- oder Blütenzucker
  zum Bestreuen

Zubereitungszeit • 50–60 min
(ohne Herstellung des Teiges)

* Bei den Marillenkernen handelt es sich um die Samen der Marillen, also die im Fruchtstein enthaltenen und etwa mandelgroßen Kerne.

1. Den Blätterteig wie auf Seite 239 beschrieben vorbereiten.

2. Birnen und Äpfel bei Bedarf schälen, getrennt halbieren und das Kerngehäuse entfernen. Die Früchte getrennt zuerst in Spalten, dann in 5–8 mm dicke Stücke schneiden und mit Zitronensaft beträufeln.

3. Apfelstücke, Butter oder Margarine, Zitronenschale und Rosinen mit ein paar Löffel Wasser vermengen und ca. 2 Minuten dünsten. Die Birnenstücke hinzufügen und alles weiter dünsten, bis das Obst bissfest ist. Wenn die Birnen noch hart sind, kann man sie gleich gemeinsam mit den Äpfeln dünsten. Das gedünstete Obst anschließend auskühlen lassen – wenn sich viel Saft abgesetzt hat, einen Großteil abgießen.

4. Blanchierte Mandeln und Marillenkerne fein reiben. Die Eier trennen. Eidotter und Zucker weißschaumig schlagen und mit den geriebenen Mandeln und Marillenkernen unter das gedünstete Obst rühren. Eiklar zu Schnee schlagen und behutsam unter die Füllmasse heben.

5. Quadratische oder rechteckige Förmchen mit Butter ausstreichen.

6. Die Hälfte des Blätterteiges 3–4 mm dick ausrollen, den restlichen Blätterteig inzwischen kühl stellen. Teigstücke in einer Größe ausradeln, die zusammengeklappt in die Förmchen passen. Eine Teighälfte mit Fülle bestreichen, sodass 1 cm Rand frei bleibt. Die andere Teighälfte im Abstand von 2 cm mit ein paar Einschnitten versehen, sodass ein Rand von 2 cm bleibt. Den Rand mit verquirltem Ei bestreichen, die eingeschnittene Teighälfte auf die Fülle klappen und den Rand fest andrücken. Die Taschen in die Auflaufformen geben und mit Ei bestreichen.

7. Mit der zweiten Teighälfte gleich verfahren.

8. Die Birnen-Mandel-Taschen im vorgeheizten Rohr bei 175 °C ca. 35 Minuten backen, bis sie etwas gebräunt sind, und zum Servieren nach Wunsch mit Zimt- oder Blütenzucker bestreuen.

9. Die Taschen schmecken lauwarm und kalt gut.

DEZEMBER

Die Rezepte im Überblick

Für den Dezember haben wir die Gerichte nach drei Kriterien ausgewählt: Festtagsessen, Marzipan in der Weihnachtsbäckerei und einfache Gerichte als Gegenpol zu den sich biegenden Tischen während der Feiertage.

Im Dezember sind wir dazu aufgelegt, für Menschen und Tiere in misslichen Lagen zu spenden. Das ist spitze und gut so. Bescheidenheit, ähnlich wie in der Fastenzeit, ist unserer Meinung nach besonders im Advent angesagt. Wir sehen unseren Beitrag darin, rund ums Jahr nachhaltig einzukaufen: saisonale Biolebensmittel aus der Region, Produkte aus dem Fairen Handel, Naturkosmetik, Kleidung aus heimischer Wolle oder Biobaumwolle, um nur einige Beispiele zu nennen. Bewusstes Einkaufen ist eine wertvolle Handlung – ein Zeichen, das wir für mehr Menschenwürde und Gerechtigkeit, Klimaschutz und Naturschutz setzen können. Ein weiterer Schritt ist es, zu tauschen und zu teilen – ob Kleidung, Bücher, den Rasenmäher oder das Auto. Wir finden, das ist einen weihnachtlichen Gedanken wert.

GERSTENMISOSUPPE

Misosuppe ist Labsal für Ihren Magen und Darm! Die Liste der Inhaltstoffe mit positiver Wirkung ist lang. Achten Sie jedoch darauf, dass Sie Miso ohne Zusatzstoffe und aus traditioneller Herstellung erwerben.

150 g Kohlblätter oder
  1 kleine Stange Lauch
700 ml Fischfond
  (Ersatz: kräftige Gemüsebrühe)
1 1/2–2 1/2 EL Gerstenmiso
100 g Seidentofu
3–4 EL Alfalfa-Sprossen

Zubereitungszeit • 15 min

1. Die dicken Enden der Kohlblätter mit dem Messer abflachen. Die Kohlblätter 1 Minute in Salzwasser blanchieren, kurz abschrecken, abtropfen lassen und in feine Streifen schneiden.

2. Oder den Lauch der Länge nach halbieren, waschen und in feine Streifen schneiden.

3. Fischfond, blanchierte Kohl- oder Lauchstreifen zum Kochen bringen, anschließend sogleich vom Feuer nehmen, Gertenmiso hinzufügen und mit dem Schneebesen gut verrühren. Achtung: Die Suppe darf jetzt nicht mehr kochen.

4. Seidentofu in Würfel schneiden, zur Suppe geben und bei geschlossenem Deckel ziehen lassen, bis die Tofu-würfel an der Oberfläche schwimmen. Die Misosuppe mit den Sprossen servieren.

WINTERSALAT
mit Leinöldressing

Ich weiß nicht, wann die Mode aufgekommen ist, Salate mit möglichst wenigen Bitterstoffen zu züchten. Es hat auf jeden Fall so weit geführt, dass sich das Salatangebot auf wenige Sorten beschränkte und importierter, geschmacksneutraler Eissalat, auf Substrat gezüchtet, zum Lieblingssalat der Österreicher wurde. • Das Blatt wendet sich langsam, aber stetig. Bitterstoffe im Salat erleben eine Reminiszenz – zu Recht, enthalten sie doch jene Inhaltstoffe, die wir im Winter für unser Wohlergehen brauchen. • Die Süße von Trockenfrüchten, allen voran Datteln, rückt die Bitterstoffe in den Hintergrund, ohne sie zu entfernen.

Für die Marinade
300 ml Apfelsaft
5 EL Leinöl
2 EL Balsamicoessig
1/2 TL Senf
Steinsalz

Für den Wintersalat
300 g Blattsalate wie Zuckerhut, Endivien, Radicchio, Vogerl-salat und Asia-Salate
200 g Wurzelgemüse: Karotten, Wurzelsellerie, Lauch ...
5 Datteln
1 Handvoll Sprossen, z.B. Rotkraut- oder Linsensprossen, zum Garnieren

Zubereitungszeit • 20–30 min
(ohne Marinierzeit)

1. Für die Marinade den Apfelsaft auf 100 ml einkochen, auskühlen lassen und anschließend mit Leinöl, Essig, Senf und Salz in einem Schraubglas gut verschütteln.

2. Die Blattsalate in mundgerechte Stücke schneiden. Das Wurzelgemüse in Julienne hobeln, die Datteln in kleine Stücke schneiden.

3. Wurzelgemüse und Datteln mit der Marinade übergießen und 30 Minuten marinieren. Den Wintersalat vor dem Servieren mit den Blattsalaten vermengen, abschmecken und mit den Sprossen garnieren.

FAVA

Pürees aus Hülsenfrüchten – bekannt unter dem Namen Hummus – sind in den Mittelmeerländern und im Orient sehr beliebt. Auf Santorin heißt das Püree Fava und wird aus getrockneten gelben Erbsen hergestellt. Bei uns sind diese gar nicht so leicht erhältlich, Sie können sie jedoch durch getrocknete grüne Erbsen oder durch gelbe und orange Linsen ersetzen. • Dieses Gericht haben wir aus einem bestimmten Grund für den Dezember ausgewählt. Weihnachten ist das Fest der Familie und Einladungen. Aus Sorge, man könnte unerwartete Besuche nicht ausreichend bewirten, wird oft mehr eingekauft als man verspeisen kann. Zur Weihnachtszeit landen deshalb besonders viele, meist noch verpackte Lebensmittel im Müll. Gleichzeitig ist der Fleischkonsum übermäßig hoch. Die Zutaten für die Fava sind lange Zeit haltbar, sie bildet den Gegenpol zu Aufschnitt, Lachsplatten und belegten Broten und überrascht durch ihren puren Geschmack. Kombiniert mit einer Salatplatte und Vollkornbrot ergibt die Fava eine leichte Zwischenmahlzeit oder ein Abendessen. Sie passt auch sehr gut zu diversen Laibchen.

1 Zwiebel
150 g getrocknete gelbe Erbsen
500 ml leichte Gemüsebrühe
2 EL Olivenöl
Steinsalz und Pfeffer, im Mörser
  frisch zerstoßen

Zum Garnieren
1 rote Zwiebel
1–2 EL in Öl eingelegte
  Paradeiser
2 EL Grün, z.B. Asia-Salate
1–2 EL Kapern
2–4 EL Olivenöl zum Beträufeln

Zubereitungszeit • 35–45 min (hauptsächlich Garzeit)

1. Die Zwiebel hacken. Getrocknete Erbsen und Gemüsebrühe zum Kochen bringen, anschließend Zwiebelwürfel, Olivenöl, Salz und Pfeffer hinzufügen und alles unter gelegentlichem Rühren 30–40 Minuten köcheln lassen, bis die Erbsen weich sind. Anschließend pürieren und abschmecken.

2. Für die Garnitur Zwiebel in Ringe und eingelegte Paradeiser in kleine Stücke schneiden, das Grün fein hacken.

3. Die Fava in einer flachen Schüssel anrichten, mit Olivenöl beträufeln und mit der Garnitur bestreut servieren.

GEROLLTER RINDSBRATEN
mit Käferbohnenfülle, Haferknödeln und Quittenrotkraut

Besonders vor und während der Festtage gilt es, die persönliche Energie in Balance zu halten und ein gutes Zeitmanagement aufzustellen. Bei diesem Hauptgericht inklusive Beilagen lässt sich beinahe alles vorbereiten. Der Rindsbraten wartet gefüllt schon ab dem Vorabend im Kühlschrank und wird je nach Gartemperatur und Größe ein bis drei Stunden vor dem Festmahl ins Rohr geschoben. Die Garkontrolle übernimmt das Thermometer und Sie können sich anderen Vorbereitungen widmen. Die Knödel brauchen nach der nächtlichen Ruhe nur mehr im heißen Wasser ziehen und das Rotkraut schmeckt aufgewärmt doppelt so gut.

Für die Fülle

1 kleine Zwiebel
80 g Hamburger Speck
2 TL getrocknete Kräuter:
  Liebstöckl, Bohnenkraut,
  Petersilie, Sellerie
200 g Käferbohnen, gekocht
Steinsalz und Pfeffer, im
  Mörser frisch zerstoßen

Für den Rindsbraten

1 kg Rindsbraten ohne
  Knochen: z.B. dicke Schulter,
  Schultermeisl, Schulterspitz,
  vorderer Rostbraten
Steinsalz
1–2 EL Butterschmalz
250 g Wurzelgemüse: Karotten,
  Wurzelsellerie, Lauch usw.
3 Lorbeerblätter
5 Wacholderbeeren
1/2 TL Rosmarinnadeln
1 Prise Zimtpulver
250 ml Rotwein
1 TL Kakao
optional: 1 TL Honig
1 EL Butter
2 EL gehacktes Grün, z.B.
  Asia-Salate, zum Bestreuen

1. Für die Fülle Zwiebel fein hacken, Speck würfelig schneiden. Speckwürfel bei mäßiger Temperatur anbraten, Zwiebel und Kräuter dazugeben und alles solange rösten, bis die Zwiebel Farbe angenommen hat. Die gekochten Käferbohnen hacken oder mit etwas Kochflüssigkeit pürieren. Anschließend mit der Speck-Zwiebel-Mischung vermengen und mit Salz und Pfeffer kräftig abschmecken.

2. Für den Rindsbraten den Braten in der Mitte der Länge nach bis zur Hälfte einschneiden, dann zu beiden Seiten waagrecht aufschneiden, sodass man ein großes flaches Fleischstück erhält. Das Fleisch innen etwas salzen, mit der Fülle bestreichen, einrollen und mit einem Küchengarn umwickelt der Länge nach festbinden.

3. Den Braten rundum in heißem Butterschmalz anbraten – die Haut- bzw. Oberseite wird dabei jedoch nicht angebraten.

4. Das Fleisch nun mit der nicht angebratenen Seite nach oben zeigend in einen Bräter geben. In die dickste Stelle wird nun ein Bratenthermometer gesteckt. Die Spitze des Thermometers sollte in der Fleischmitte stecken und beim Öffnen des Rohres sichtbar sein. Wurzelgemüse in Stücke schneiden und mit Lorbeerblättern, Wacholderbeeren, Rosmarin, Zimt und Rotwein zum Braten geben.

5. Den Rindsbraten bei ca. 130 °C braten, bis das Fleisch eine Kerntemperatur von 75 °C erreicht hat. Das Fleisch aus dem Rohr nehmen und die Ofentemperatur auf 200 °C erhöhen. Nun das Thermometer entfernen sowie Saft und Wurzelgemüse in einen Topf abgießen. Das Fleisch salzen und etwas pfeffern, in den Bräter zurückgeben und im Rohr bräunen, bis die gewünschte Farbe erreicht ist.

→

Für die Haferknödel

1 Zwiebel

4 Scheiben Weißbrot

2 EL Olivenöl

100 g großblättrige Haferflocken, frisch gemahlen
  (Ersatz: Hafermark)

250 g Topfen

2 Eier

Steinsalz

1 EL Grün, z.B. Asia-Salate,
  gehackt

....

Für das Quittenrotkraut

1 kg Rotkraut

1 TL Steinsalz

1 EL Essig

1 Quitte

1 Zwiebel

1–2 EL Rübenzucker

2–3 EL Olivenöl

Kümmel

Nelken und Zimt nach Wunsch

125 ml Rotwein

125 ml Apfelsaft

2 EL Ribiselmarmelade

evtl. 1–2 EL Mehl zum Stauben

....

Zubereitungszeit • Gerollter Rindsbraten mit Käferbohnenfülle: 45 min
(ohne Garzeit im Rohr, ohne Kochzeit
der Bohnen) | Haferknödel: 30–40
min (ohne Rastzeit) | Quittenrotkraut:
30 min (Garzeit: 45 min)

6. In der Zwischenzeit werden Saft und Wurzelgemüse mit dem Mixstab püriert, nachdem die Lorbeerblätter und Wacholderbeeren zuvor entfernt worden sind. Den Bratensaft mit Salz, Kakao und bei Bedarf mit etwas Honig abschmecken und mit der Butter montieren. Den Braten vor dem Servieren mit einem großen, scharfen Messer in 1 cm dicke Scheiben schneiden, auf einer Platte anrichten, mit dem Bratensaft übergießen und mit gehacktem Grün bestreuen.

7. Für die Haferknödel die Zwiebel fein hacken und Weißbrot in kleine Würfel schneiden. Zwiebel in Olivenöl hell anrösten, Weißbrotwürfel hinzufügen und knusprig anrösten. Anschließend alle Zutaten vermischen und 30 Minuten rasten lassen.

8. Knöderl formen und diese in Salzwasser ca. 10 Minuten köcheln lassen.

9. Für das Quittenrotkraut das Rotkraut putzen, halbieren und den Strunk herausschneiden. Die Rotkrauthälften fein hobeln. Ein gut schneidender Krauthobel – elektrisch oder manuell – bringt Arbeitserleichterung! Das geschnittene Kraut mit Salz und Essig mischen und ziehen lassen.

10. Währenddessen Quitte mit einem Küchentuch gut abreiben, vierteln, das Kerngehäuse entfernen und die Frucht in dünne Scheiben schneiden. Zwiebel fein hacken und mit dem Zucker im Öl bräunen. Anschließend Krautstreifen, Quittenscheiben und Gewürze dazugeben. Das Kraut mit Rotwein und Apfelsaft aufgießen, die Marmelade dazugeben und bei mäßiger Temperatur weich dünsten.

11. Vor dem Servieren das Kraut bei Bedarf mit etwas Mehl stauben und abschmecken.

ZITRONENGRASFORELLE
und cremige Gewürzkarotten

*Zitronengras wächst seit einigen Jahren in unserem Garten und gedeiht ganz wunderbar.
Den Winter verbringt es im Haus – wenn diese aber weiterhin so mild sind, kann das
Zitronengras auch bei uns ganzjährig draußen bleiben. Das feine, zurückhaltende Aroma
von Zitronengras passt gut zu Wurzelgemüse, Fisch und wärmenden Drinks.*

Für die Zitronengrasforellen

2–4 Knoblauchzehen
1 Handvoll Grün, z.B. Winterpostelein
3 EL Verjus
  (Ersatz: Zitronensaft)
8 Zweige Thymian, abgerebelt
  (Ersatz: getrockneter Thymian)
5 EL Olivenöl
4 mittelgroße Forellen
1–2 Stängel Zitronengras
Steinsalz und Pfeffer, im Mörser
  frisch zerstoßen
30–50 g Maismehl

Für die cremigen Gewürzkarotten

400 g Karotten
1–2 cm frischer Ingwer
1/2 TL braune Senfkörner,
  gemahlen
1 TL Kurkuma
1 EL Butterschmalz
50–80 ml Gemüsebrühe
80 ml Schlagobers
1 Prise Vanillemark
Steinsalz
1 Handvoll Mandelstifte
Grün, gehackt, z.B. Kerbel und
  Petersilie (wenn witterungs-
  mäßig verfügbar, ansonsten
  Asia-Salate)

Zubereitungszeit • Zitronengrasforellen: 20 min (ohne Gar- und
Marinierzeit) | Cremige Gewürz-
karotten: 35 min

1. Für die Zitronengrasforellen Knoblauch und Grün fein hacken und mit Verjus, Thymian und 3 EL Öl verrühren.

2. Die Forellen innen und außen waschen, trocken tupfen und in eine Form legen, in die sie genau hineinpassen. Anschließend mit der Marinade übergießen und mindestens 2 Stunden im Kühlschrank rasten lassen.

3. Das Backrohr auf 180 °C Ober-/Unterhitze vorheizen.

4. Zitronengras in dünne Scheiben schneiden. Die Fische aus der Marinade heben, gut abtropfen lassen und mit Küchenpapier abtupfen. Den Bauchraum salzen, etwas pfeffern und mit Zitronengrasscheiben füllen. Anschließend die Fische in eine mit 1 EL Olivenöl ausgestrichene ofenfeste Form schlichten und die Marinade neben die Fische gießen. Die Forelle erneut mit Olivenöl bestreichen und etwas Maismehl darübersieben. Die Forellen im vorgeheizten Rohr ca. 20 Minuten backen und mit den cremigen Gewürzkarotten servieren.

5. Für die Gewürzkarotten die Karotten bürsten und in ca. 5 mm dicke Stifte hobeln. Ingwer fein hacken. Gemahlene Senfkörner, Kurkuma und Ingwer in Butterschmalz bei mäßiger Hitze 2–3 Minuten rösten, anschließend die Karottenstifte und Gemüsebrühe hinzufügen und das Gemüse bei mäßiger Temperatur bissfest garen. Die Gemüsebrühe sollte am Ende der Garzeit von den Karotten aufgesogen sein.

6. Schlagobers dazugeben und mit Vanille und Salz abschmecken. Abschließend die Mandelstifte in einer Pfanne ohne Fett hell anrösten und mit dem gehackten Grün vor dem Servieren über den Karotten verteilen.

Tipps: Wenn Sie die Forelle mit besonders knuspriger Haut lieben, dann lassen Sie das Maismehl weg. • Als zusätzliche Beilage passen Kroketten.

Organisationstipp: Schneiden Sie die Karotten bereits am Vortag.

ROHNENLASAGNE

Lasagne assoziieren wir meist mit Sommergemüse, mediterranen Kräutern und viel Paradeisersauce. Unsere Winterlasagne lebt vom unglaublichen Aroma der geschmorten Rohnen in Kombination mit Béchamelsauce und frischem Kren. Das Farbenspiel der roten Rohnen mit dem grünen Mangold verführt so manchen Rohnenmuffel • Der Zeitaufwand für die Winterversion ist relativ gering, da die Rohnen „selbstständig" im Rohr garen.

Für die Rohnenfülle

1 kg rote und gelbe, nicht zu
  große Rohnen
1/2 TL Kümmel, gemahlen
4 Lorbeerblätter, grob gehackt
  bzw. in Stücke gerissen
70 g Sonnenblumenkerne
100 g Mangold
1–2 Äpfel
Steinsalz

Für die Béchamelsauce

80 g Dinkelvollkornmehl,
  eventuell ausgesiebt
1 TL Kurkuma
1–2 EL Butter
1 l Milch oder vegane Milch
150 g würziger Schnittkäse,
  grob gerieben
Steinsalz und Pfeffer,
  im Mörser frisch zerstoßen

Für die Topfenfülle

250 g grober Topfen
200 g Sauerrahm
3 EL Kren, frisch gerieben
Steinsalz

Zur Fertigstellung

150–200 g Kastanien, gegart
  (Ersatz: Käferbohnen, gekocht)
ca. 250 g Lasagneblätter,
  vorgegart
50 g reifer Bergkäse, gerieben
2 EL Grün, gehackt, z.B. Roh-
  nengrün oder Asia-Salaten

Zubereitungszeit • 50 min (ohne Garzeiten)

1. Für die Rohnenfülle das Rohr auf 180 °C Umluft vorheizen. Die Rohnen mit etwas Kümmel und grob gehackten Lorbeerblättern würzen und einzeln in Backpapier wickeln. Anschließend auf ein Backblech legen und 30–90 Minuten im Ofen backen. Die Gar- zeit hängt stark von der Größe der Knollen ab, des- halb sollte die Garzeit der Rohnen mit einer Nadel einzeln kontrolliert werden.

2. Während die Rohnen im Rohr sind, die Sonnen- blumenkerne in einer ofenfesten Form hellbraun rösten. Achtung: Das dauert nur ein paar Minuten.

3. Für die Béchamelsauce Mehl und Kurkuma in der Butter anschwitzen, mit der Milch aufgießen und unter Rühren kurz aufkochen lassen. Nach kurzem Über- kühlen den Schnittkäse in die Béchamelsauce rühren, salzen und pfeffern.

4. Für die Topfenfülle Topfen, Sauerrahm, frisch ge- riebenen Kren und etwas Salz verrühren.

5. Die gegarten Kastanien grob hacken.

6. Für die Rohnenfülle nun Mangold in feine Streifen schneiden und Äpfel würfelig schneiden. Die gegar- ten Rohnen in 3–5 mm dicke Scheiben schneiden, mit Mangoldstreifen und Apfelstücken vermengen und salzen.

7. Das Backrohr auf 180 °C Ober- und Unterhitze vor- heizen. Nun werden die einzelnen Lagen in folgender Reihenfolge in eine eckige ofenfeste Form geschich- tet: Etwas Béchamelsauce kommt auf den Boden der Form, darauf folgen Lasagneblätter, Rohnenmischung, Topfenmischung, nochmals etwas Béchamelsauce und die Kastanienstücke. Ob 2- oder 3-mal abwechselnd geschichtet wird, hängt von der Größe der Form ab. Den Abschluss bildet die Béchamelsauce, die mit dem geriebenen Bergkäse bestreut wird.

8. Die Lasagne im vorgeheizten Rohr ca. 40 Minuten backen, bis sie an der Oberfläche braun ist, und mit dem Grün bestreut servieren.

GRUNDREZEPT
Mandel- und Walnussmarzipan

Marzipan hat begeisterte Anhänger oder Verweigerer – ein Dazwischen gibt es nicht. Haben Sie schon einmal selbst hergestelltes Marzipan versucht? Nein? Dann wird es Zeit! Der Geschmack ist viel feiner, ja unaufdringlicher, da es nur aus wenigen, natürlichen Zutaten besteht. • Marillenkerne und Rosenwasser sind im Reformhaus oder Bioladen erhältlich, wobei man auf das Rosenwasser gegebenenfalls verzichten kann. Die Marillenkerne stellen wir selbst her. Dazu trocknen wir im Sommer die Kerne in der Sonne und schlagen sie anschließend mit einem Hammer auf. Verwendet wird der im Marillenkern enthaltene Samen, der in etwa die Größe einer Mandel hat. Marillenkerne enthalten eine geringe Dosis Blausäure. Abgesehen davon, dass Blausäure in der Antikrebsbehandlung eingesetzt wird, gilt: Die Dosis macht das Gift. • Eine besondere Variante stellt Walnussmarzipan, das im Handel nicht erhältlich ist, dar. Unsere Walnussbäume verwöhnen uns mit reicher Ernte. Deshalb geben wir dem Walnussmarzipan – obwohl die Herstellung viel aufwändiger ist – den Vorzug. Während freier November- und Dezemberabende liegt die Hauptbeschäftigung der beiden Zebra-Familien im Aufknacken und Auslösen der Walnüsse – ein jedes Jahr wiederkehrendes Ritual! • Die Herstellung von Walnussmarzipan und Rohkostkugeln ist sehr aufwändig und daher als Liebhaberprojekt anzusehen.

Für das Mandelmarzipan
100 g Mandeln, blanchiert
  und gemahlen
60–80 g Staubzucker
1 Marillenkern, gemahlen*
1/2 TL Rosenwasser
1 EL heißes Wasser
1 EL kalt gepresstes Mandelöl

....

Für das Walnussmarzipan
110 g Walnüsse
60–80 g Rohrübenzucker
1 EL heißes Wasser
1 TL kalt gepresstes Walnussöl

....

Zubereitungszeit • Mandelmarzipan:
10 min | Walnussmarzipan: 10 min
(ohne Röst-, Abrieb- und Mahlzeit –
dafür weitere 30–40 min einplanen)

....

* Bei den Marillenkernen handelt es
sich um die Samen der Marillen, also
die im Fruchtstein enthaltenen und
etwa mandelgroßen Kerne.

1. Für das Mandelmarzipan alle Zutaten mit der Hand gut verkneten.

2. Für das Walnussmarzipan die Walnüsse auf einem Backblech im Rohr bei 100 °C ca. 10–15 Minuten rösten, bis sie zu duften beginnen. Anschließend in einem Geschirrtuch fest abreiben, sodass ein Großteil der Nusshaut entfernt wird. Die Walnüsse danach fein reiben und mit den weiteren Zutaten mit der Hand gut verkneten.

Tipp: Das Marzipan hält am besten in einem verschließbaren Glas in einem ungeheizten Raum. Ich bewahre es im Winter in meiner Speisekammer bis zu 2 Monate auf.

GEFÜLLTE WALDSTAUDELEBKUCHEN

Waldstaude, auch bekannt unter dem Namen Johannisroggen, ist eine ursprüngliche Getreidesorte und mit dem Roggen verwandt. Waldstaude schmeckt süßlich, viel intensiver als Roggen und enthält besonders viele Ballaststoffe. In einer herkömmlichen Getreidemühle kann man Waldstaude nicht ganz fein vermahlen, mit anderen Worten, es fällt besonders viel Kleie an. Aus diesem Grund verwenden wir für den Lebkuchen je zur Hälfte Waldstaude und herkömmlichen Roggen.

200 g Waldstaude, fein
  vermahlen
200 g Roggenmehl
1 gehäufter TL Natron
100 g Butter
70 g Rohrübenzucker
1 1/2 TL Zimt
1 TL Nelkenpulver, Ingwer,
  Kardamom – nach Vorliebe
  gemischt
Saft und Schale von 1 Zitrone
200 g Honig
80 g Nüsse, gerieben
1 kleines Ei
1 Ei zum Bestreichen

....

Für die Verzierung
Mandel- und Walnusshälften
Pinienkerne
Kuvertüre in verschiedenen
  Farben

....

Für die 1. Fülle
150 g Haselnüsse, geröstet
  und gerieben
7–8 EL Quitten- oder Ribiselmarmelade
Vanille und Rum nach
  Geschmack

....

Für die 2. Fülle
1 Masse Mandelmarzipan
  (siehe Rezept Seite 263)
3 EL Marillenmarmelade,
  passiert

....

Zubereitungszeit • je nach Fülle(n)
mindestens 100 min

1. Die beiden Mehle mit Natron vermischen und mit der Butter abbröseln. Zucker, Gewürze, Zitronensaft und -schale, Honig, Nüsse und Ei dazumischen. Die Masse verkneten und mindestens 1 Stunde rasten lassen. Man kann den Teig auch 1 Tag kühl rasten lassen.

2. Das Backrohr auf 180 °C vorheizen. Den Teig nach dem Rasten 4–5 mm dick auswalken und beliebige Formen ausstechen. Die Hälfte der Lebkuchen mit den Nüssen verzieren und mit Ei bestreichen.

3. Die Lebkuchen im vorgeheizten Rohr bei 180 °C 10–15 Minuten hellbraun backen und auskühlen lassen. Währenddessen für die jeweilige Fülle alle Zutaten gut vermengen.

4. Die ausgekühlten Lebkuchen ohne Verzierung mit einer oder beiden Füllen bestreichen und die 2. Lebkuchenscheibe mit der Verzierung mit etwas Druck daraufsetzen. Kuvertüre schmelzen, in ein Papierstanitzel füllen und die Lebkuchen mit feinen Streifen verzieren.

Tipp: Eine Masse der Fülle reicht für wiederum eine Lebkuchenmasse. Falls Sie die Füllen variieren möchten, reicht es, wenn Sie jeweils die Hälfte zubereiten.

ROHKOSTKUGELN
mit Walnussmarzipan

Für den Schriftsteller und Waldbauernbub Peter Rosegger, der in der nördlichen Oststeiermark seine Kindheit verbrachte, waren Korinthen und getrocknete Zwetschken eine Köstlichkeit, die es nur zu Weihnachten gab. Wir besinnen uns in einer Zeit des übermäßigen Zuckerkonsums auf Trockenfrüchte und erheben sie zu weihnachtlichen Luxuskugeln: Genuss für Augen, Gaumen und Seele.

Für die Hülle
300–500 g Trockenfrüchte nach Wahl: Kletzen, Zwetschken, Marillen, Äpfel, Feigen, Datteln usw.
30–50 g Aroniabeeren
optional: 2 EL Rum oder milder Schnaps

Für die Fülle
1 Masse Walnussmarzipan (siehe Rezept Seite 263)

Zur Fertigstellung
ungesüßter Kakao
Schokoladeraspel
feine und grobe Kokosflocken

Zubereitungszeit • mindestens 90 min (je nach Faschiermethode)

1. Für die Hülle die Trockenfrüchte grob schneiden und je nach Sorte bzw. Härte in etwas Wasser für mehrere Stunden einweichen. Aroniabeeren gesondert in wenig Wasser einweichen.

2. Die Trockenfrüchte – ohne Aroniabeeren – mit dem Einweichwasser fein faschieren, im Anschluss die abgetropften Aroniabeeren und nach Wunsch Rum oder Schnaps hinzufügen und alles gut vermengen.

3. Von der Masse kleine Stücke abstechen und flach drücken, in die Mitte eine kleine Kugel Marzipan geben, die Hülle verschließen und zu Kugeln rollen.

4. Die Rohkostkugeln abschließend nach Belieben in Kakao, Schokoladeraspeln oder Kokosflocken wälzen.

GLOSSAR

Apfelschlankel • meist aus Blätterteig, Mürbteig, kaltem Germteig oder Topfenblätterteig zubereiteter Apfelstrudel

Bertram • Gewürz aus gemahlener Bertramwurzel; Heilpflanze aus der Familie der Korbblütler

Bohnenschoten • Fisolen, Grüne Bohnen

Brettljause • kalte Jause mit verschiedenen Speck-, Schinken-, Braten- und Käsesorten, auf einem Holzbrett und gerne in einer Buschenschank serviert.

Buschenschank • Lokal bzw. Wirtshaus, das in der Oststeiermark von einem Winzer betrieben wird. Es werden nur kalte Speisen und Getränke angeboten. Im Sommer sitzt man immer im Freien.

Brösel • Semmelbrösel, Paniermehl

Carri • kreolisches Currygericht

Cinq-Épices • Fünfgewürz; Gewürzmischung bestehend aus Szechuanpfeffer oder Pfeffer, Fenchelsamen, Sternanis, Zimt und Nelkenpulver

Eidotter • Eigelb

Eiklar • Eiweiß

Erdapfel/Erdäpfel • Kartoffel(n)

Farferl • Suppeneinlage aus Nudelteig

Faschiertes • Hackfleisch

Fleischerei • Metzgerei

Frittaten • in Streifen geschnittene Pfannkuchen oder Palatschinken

Germ • Hefe

Gerstengras • junge Pflänzchen der Gerste

Giersch • Dreiblatt; zur Familie der Doldenblütler zählendes Wildgemüse

Harissa • scharfe Gewürzpaste bzw. -pulver aus Nordafrika, bestehend aus bis zu 20 Gewürzen

Heidelbeere • Blau-, Schwarzbeere

Hüferl • Rindfleisch von der Hüfte

Karfiol • Blumenkohl

Karotte • Möhre

Kohl • Wirsing

Kren • Meerrettich

Lauch • Porree

Marille • Aprikose

Maroni • Edelkastanie

Melanzani • Aubergine

Mirin • japanischer Reiswein

Miso • japanische Paste, hauptsächlich aus Sojabohnen, auch aus (Anteilen von) Reis, Gerste oder anderem Getreide

Nockerl • Klößchen

Orange • Apfelsine

Palatschinke • Pfannkuchen

Paradeiser • Tomate(n)

Petersilienwurzel • Knollenpetersilie, Wurzelpetersilie

Polenta • Maisgrieß

Quendel • Feldthymian, wilder Thymian

Ras el Hanout • marokkanische Gewürzmischung mit etwa 25 Gewürzen

Ribisel • rote Johannisbeere

Ringlotte • Ringlo, Reineclaude; Edel-Pflaume

Rosa Beeren • Rosa Pfeffer

Rohne • Rote Bete, Rote Rübe

Rotkraut, Blaukraut • Rotkohl, Blaukohl

Sauerrahm • Saure Sahne

Schlagobers • Süße Sahne

Schnittknoblauch • Von Schnittknoblauch gibt es mehrere Arten: Manche haben so schmale Blattstiele wie Schnittlauch, jedoch mit quadratischem Querschnitt, andere haben auch bis zu 5 mm breite Blattstiele. Die Farbe der Blüten kann weiß oder lila sein. Schnittknoblauch schmeckt ähnlich wie milder Bärlauch.

Schöberl • Suppeneinlage aus einer Rührmasse, die bei hoher Temperatur im Rohr gebacken wird. Die Zutaten variieren.

Schwammerl • Pilze

Shabu shabu • Feuertopf-Gericht aus Japan, das wie Fleisch- oder Gemüsefondue gegessen wird

Sorrentinos • gefüllte Pasta

Tajine • marokkanisches Eintopfgericht und Bezeichnung für Kochtopf

Talggen • gedämpftes und anschließend gedörrtes sowie grob vermahlenes Getreidegericht, mit verschiedenen Zutaten verfeinert

Tatsoi • Rosette Pak Choi; Blattgemüse mit mildem Geschmack

Topfen • Quark

Weichseln • Sauerkirschen

Weißkraut • Weißkohl

Winterpostelein • Winterportulak

Wurzelsellerie • Selleriewurzel, Knollensellerie

Zwetschke • Zwetschge

WEITERFÜHRENDE QUELLEN UND LITERATUR

Béliveau, Richard
Krebszellen mögen keine Himbeeren
Nahrungsmittel gegen Krebs
Das Immunsystem stärken und gezielt vorbeugen,
Goldmann Verlag, München 2010

Campbell, T. Colin/Campbell, Thomas M
China Study. Die wissenschaftliche Begründung
für eine vegane Ernährungsweise
Verlag Systemische Medizin, Bad Kötzting 2011

Cohen, Richard
Zuckerliebe – Eine bittersüße Geschichte
http://www.nationalgeographic.de/reportagen/
zuckerliebe-eine-bittersuesse-geschichte?page=2
(14.5.2014)

Dahlke, Ruediger
Peace Food. Wie der Verzicht auf
Fleisch Körper und Seele heilt
Gräfe und Unzer Edition, München 2011

Enders, Giulia
Darm mit Charme
Alles über ein unterschätztes Organ
Ullstein Buchverlage, Berlin 2014

Heistinger, Andrea/Arche Noah
Das große Biogarten-Buch
Löwenzahn Verlag, Innsbruck 2013

Johnson, Richard
National Geographics, Heft 8/2013, S. 86–103

Lustig, Robert
Sugar: The Bitter Truth
http://www.youtube.com/watch?v=dBnniua6-oM#t=17

REZEPTVERZEICHNIS

Lassen Sie sich vom folgenden Rezeptverzeichnis inspirieren! Sie finden hier die Gerichte vom Frühstück bis zur Nachspeise und vom Aufstrich bis zu Rezepten für die Vorratshaltung sortiert.

Rezept S. 141

Rezept S. 85

Nachspeisen

Konserviertes

STICHWORTREGISTER

Damit Sie Rezepte mit bestimmten Zutaten leicht finden können, werden beliebte Zutaten wie Äpfel oder Paradeiser, aber auch Getreide oder Hülsenfrüchte im folgenden Stichwortregister aufgelistet. Gleich daran anschließend stehen die wichtigsten dazugehörigen Rezepte. Zutaten, die sich leicht kombinieren bzw. je nach Vorrat austauschen lassen, werden dabei zusammengefasst.

Rezept S. 105

Rezept S. 153

ALPHABETISCHES REZEPTREGISTER

Rezept S. 137

WOCHENPLAN

Planung der Speisen, vor allem Mittagessen, zwischendurch aber auch einmal Abendessen

MO
....

DI
....

MI
....

DO
....

FR
....

SA
....

SO
....

Vom Bauern(markt)
....
....

Garten (oder Bauernmarkt)
....
....

Supermarkt
....
....

Fleischerei
....
....